बादलों का तबादलों से सम्बन्ध

(व्यंग्य-संग्रह)

वाणी प्रकाशन
नयी दिल्ली-110002

बादलों का तबादलों से सम्बन्ध

जब्बार ढांकवाला

वाणी प्रकाशन

वाणी प्रकाशन

4695, 21-ए, दरियागंज, नयी दिल्ली 110 002

शाखा

अशोक राजपथ, पटना 800 004

फ़ोन: +91 11 23273167 फ़ैक्स: +91 11 23275710

www.vaniprakashan.in
vaniprakashan@gmail.com

BADALON KA TABADALON SE SAMBANDH
by Jabbar Dhankwala

ISBN : 978-81-7055-409-7

Satire

संस्करण 1995, 1997
आवृत्ति 2012
मूल्य : ₹ 195

मेहरा ऑफ़सेट, नयी दिल्ली-110002 में मुद्रित

वाणी प्रकाशन का लोगो मक़बूल फ़िदा हुसेन की कूची से

जब मैंने व्यंग्य लिखना प्रारम्भ किया तब हरिशंकर परसाई, शरद जोशी और रवीन्द्रनाथ त्यागी तथा अन्य प्रमुख व्यंग्यकारों की कुछ किताबों, रचनाओं के अलावा व्यंग्य के कला पक्ष पर विशेष कुछ पढ़ा नहीं था। बाद में भोपाल आने पर ज्ञान चतुर्वेदी की प्रेत कथा के पारायण के बाद मेरी आत्ममुग्धता को ठेस पहुँची और अब ऊँट पहाड़ के नीचे पहुँचा है का अहसास हुआ, तो सबसे पहले मैंने भाषा की बुनावट की और ध्यान देना प्रारम्भ किया। अब यह तो दावा नहीं है कि एवरेस्ट फतह कर ली मैंने, मगर चढ़ाई प्रारम्भ हो गई और हम होंगे कामयाब का विश्वास भी है।

दृष्टि मेरी प्रारम्भ से ही साफ़ है। किसके साथ खड़े होना है, इसमें कोई दुविधा नहीं है। सामाजिक सरोकारों की समझ के बावजूद व्यंग्य लिखने के लिए मनुष्य के स्वभाव की सूक्ष्मतम विसंगतियों की पड़ताल की अवधारणा ज्ञान चतुर्वेदी से बातचीत में स्पष्ट हुई। बहरहाल बादलों का तबादलों से सम्बन्ध द्वारा मैंने हिन्दी व्यंग्य साहित्य संसार में प्रवेश के लिए दस्तक दी है और दरवाज़ा खोलना या न खोलना सुधी पाठकगण और विद्वान आलोचकों पर निर्भर है।

जब्बार ढाँकवाला

अनुक्रम

बादलों का तबादलों से सम्बन्ध

बादलों का तबादलों के साथ गहरा सम्बन्ध है। कुछ सालों से इधर बादल आते हैं, उधर तबादले भी साथ ही साथ आ धमकते हैं। बादल उमड़-घुमड़कर पूरे आकाश को आच्छादित कर देते हैं। उधर अख़बार के पन्ने भी तबादला सूचियों से आच्छादित होती हैं। बादल बरसते हैं, साथ ही तबादले भी। बादलों की प्रतीक्षा किसान करते हैं, तबादलों की प्रतीक्षा शासकीय अधिकारी और कर्मचारी करते हैं। बादलों के आने से जनता प्रसन्न होती है। उसे आस बंधती है कि अब सड़ी गर्मी से छुटकारा मिलेगा। तबादला-सूची में अड़ियल और ईमानदार अफसर का नाम देख उसके मातहत कर्मचारी राहत की साँस लेते हैं कि चलो राजा हरिश्चन्द्र से पीछा छूटा। सड़ी गर्मी सा शरीर से पसीना निकलवा देता था। भ्रष्ट अफसर का ट्रांसफर होता है, तो जनता खुश होती है कि चलो खाऊ से पीछा छूटा।

व्यवहार कुशल अफसर का तबादला होने पर ठेकेदार, छुटभैये नेता और मुँहलगे बाबूओं का मुँह उतर जाता है। कवि अफसर का तबादला होने पर

कवियों में उदासी छा जाती है। वे कहते हैं—"हाय! वे चले जा रहे हैं; अब गोष्ठियाँ कौन करवाएगा!" दूसरा कहता है—"अब साहित्य में सन्नाटा छा जाएगा।" तीसरा कहता है—"हाय, सिविल लाइन में हमारी एन्ट्री बंद हो जाएगी।" वैसे कवियों और शायरों को बादल देखकर प्रसन्नता होती है, क्योंकि बादल प्राय: गीत, विरह गीत और नई कविता लिखने वालों को पर्यावरण पर नवगीत लिखने की प्रेरणा देते हैं। तबादले कवियों को रास नहीं आते, लेकिन वे व्यंग्यकारों के लिए अच्छा मसाला जुटा देते हैं।

बादलों से बाढ़ आ जाती है। लोगों के घर और बर्तन बह जाते हैं। प्रशासन बाढ़ में व्यस्त हो जाता है और विकास कार्य ठप पड़ जाते हैं। तबादलों से भी बाढ़ आती है। विदाई समाराहों की बाढ़। जिसका तबादला होता है, वह फूलमालाओं के प्रवाह में डूब जाता है। दूसरी ओर विदाई समारोहों का चन्दा देते-देते मातहत कर्मचारी का वेतन तबादले की बाढ़ में बह निकलता है और उधारी लेने की नौबत आ पहुँचती है। बादलों से उत्पन्न बाढ़ में नेता और तबादले से उत्पन्न विदाई समारोह में मुँहलगे कर्मचारी नेता भावुक भाषण देकर अपनी मूख-खुजली शान्त करते हैं।

बादल विरहणी स्त्रियों के मन में पिया अथवा पति मिलन की आस जगाते हैं। वह गाती है— "अब के बरस सावन में आएँगे मेरे सजना।" लेकिन तबादले पतिव्रता महिलाओं के लिए अस्थायी विरह-वेदना लेकर आते हैं। पति नई जगह ज्वाइन करने के लिए चला जाता है और वह सामान बांधते हुए गाती है—"हाय हाय ये मजबूरी, ये मौसम और ये दूरी, तेरी दो टकियाँ दी नौकरी, मेरा लाखों का सावन जाए। ..."

कभी-कभी बादल रूठ जाते हैं और बिल्कुल नहीं आते। तब चारों ओर हाहाकार मच जाता है। बादलों के न आने से सरकार भी परेशान हो जाती है। उस साल तबादलों को भी नहीं भेजती। बादलों के न आने से परेशान लोग प्रार्थना-सभाएँ आयोजित करते हैं। अखंड रामधुन और खुले सिर नमाज का

आयोजन होता है। तबादलों के लिए शहर बन्द नहीं होता लेकिन कभी-कभी किसी का तबादला करवाने के लिए शहर बन्द हो जाता है।

बादलों के आने या न आने की भविष्यवाणी मौसम-विशेषज्ञ करते हैं, जो कि अकसर ग़लत निकलती है। लेकिन आजकल मौसम वाले भी चतुर हो गए हैं। वे अब ऐसी भाषा का इस्तेमाल करते हैं कि चित भी मेरी और पट भी मेरी। जैसे—"मौसम खुश्क रहेगा, लेकिन कुछ स्थानों पर बूंदाबाँदी हो सकती है।" तबादलों के बारे में भविष्यवाणियाँ करने का एकाधिकार मंत्री के चमचों को प्राप्त है। बादलों और तबादलों का संयुक्त मौसम आते ही वे सक्रिय हो जाते हैं और हर चौराहे पर तबादलों की खबर रूपी पतंगें उड़ाने लगते हैं। इससे उनका वज़न बढ़ने लगता है और अफसर उनके घरों के आगे मँडराने लगते हैं। साल भर से चमचे के जो काम रुके रहते हैं, वे तबादलों के मौसम में निपट जाते हैं। मौसम विभाग की तरह चमचे भी इस अन्दाज़ में तबादलों की भविष्यवाणी करते हैं कि तबादला हो जाए, तो करवाने का न हो तो रुकवाने का श्रेय वे लूट ही लेते हैं। लेकिन तबादले के होने या न होने से जैसे लाभ चमचों को मिलते हैं, वैसे मौसम विशेषज्ञ बादलों से नहीं उठा पाते।

बादलों के न आने से अकाल आता है और बादलों के ज़्यादा आने से बाढ़ आ जाती है। अकाल हमारा भाई है और बाढ़ हमारी बहन है। दोनों बारी-बारी से आते हैं। एक साल अकाल आता है, अगले साल बाढ़। अकाल के पीछे-पीछे राहत कार्य आते हैं और बाढ़ के पीछे बचाव कार्य। राहत कार्य वैसे तो सब विभागों को राहत देते है, लेकिन पी. डब्ल्यू. डी. , सिंचाई, वन, लोक स्वास्थ्य और यांत्रिकी विभाग इससे ज़्यादा प्रसन्न रहते हैं। तबादलों के न आने से प्रशासन में स्थायित्व आता है और यह स्थायी सम्पति बनाने में ठोस योगदान देता है। तबादलों के ज़्यादा मात्रा में आने पर प्रशासन अस्थिर होता है, लेकिन तबादला उद्योग संचालित करने वालों के घर समृद्धि की वर्षा होती

है। इस प्रकार चाहे बादल आएँ या न आएँ, तबादले भी हों या न हें, कमाने वाले कमा रहे हैं और जो नहीं कमा रहे है वे व्यंग्य में हाथ आजमा रहे हैं।

पहले तबादले अप्रैल-मई में होते थे, लेकिन सरकार ने जब से बादलों और तबादलों का घनिष्ठ सम्बन्ध देखा है, तब से वह बादलों के आने के साथ ही साथ तबादले करती है। कुछ लोग ख्वामखाह सरकार को कोसते हैं कि बरसात में तबादले दुखदाई होते हैं, जबकि बरसात के मौसम में तो तबादला होने के बहुत लाभ हैं। बरसात के मौसम में ट्रक सस्ते भाड़े पर मिल जाते है। बस या ट्रेन में जगह आराम से मिल जाती है। अफसर नई जगह भीड़-भाड़ से बचकर आराम से पहुँच जाता है। अफसरों के बच्चों की छुट्टियाँ बढ़ जाती हैं।

बादलों के आने-जाने की आज तक कोई नीति नहीं बनी। तबादलों की नीति हर साल बनती है, जिस पर अमल नहीं होता। इसलिए भगवान बादलों के बारे में कोई नीति बनाता। बादल कभी केवल गरजते हैं, बरसते नहीं। उसी प्रकार कभी-कभी पूरी तबादला-सूची जारी हो जाती है, लेकिन अधिकारी अपने स्थान पर जमा रहता है। टस से मस नहीं होता। इसे देखकर गरजते बादल बरसते नहीं की तर्ज पर नई कहावत कुछ इस प्रकार गढ़ी जा सकती है—"मुँह लगे अफसर तबादलों से टलते नहीं है।"

एड्स से उपजा सदाचार

एड्स आज की दुनिया का सबसे बड़ा आतंकवादी है। पंजाब और कश्मीर के आतंकवादियों का आतंक एक निश्चित क्षेत्र में ही फैला है, लेकिन एड्स के आंतक से सारा संसार थर-थर कांप रहा है। टी.वी., रेडियो, पत्र-पत्रिकाएँ, अख़बार और सररकार भी एड्स के इस आंतक को बढ़ाने में भरपूर योगदान दे रहे हैं। गली-गली, मोहल्ले-मोहल्ले, घर-घर में एक ही मर्ज की चर्चा है—एड्स। पहले पति घर से बाहर निकलता था, तो पतिव्रता पत्नियाँ कहती थीं—"रोड पर स्कूटर-मोटर का ध्यान रखना। आजकल दुर्घटनाएँ बहुत बढ़ती जा रही हैं।" आज कहती हैं—"सुनिए जी, बाहर जा रहे हो, तो एड्स का ध्यान रखना। उस मुए को अपने साथ घर मत ले आना।" सारी दुनिया एड्स को कोस रही। लेकिन इस एड्स ने हमारे सामाजिक जीवन में जो सुधरवादी भूमिका निभाई ह, उसकी ओर कोई ध्यान ही नहीं दे रहा। जबसे इस प्रचार ने जोर पकड़ा है कि एड्स उन्हीं सज्जनों और सन्नारियों पर अपनी कृपादृष्टि ज़्यादा डालता है, जो घर से बाहर इधर उधर मुँह मारने के आदी होते हैं, तबसे घाट-घाट का पानी पीने वाले मनुष्य देहधारी साँड और साँडनियाँ अपने घर

की साफ-सुथरी लॉन में हरी-हरी घास चरते नजर आते हैं। इस तरह एड्स अवैध सम्बन्धों के लिए आपातकाल सिद्ध हुआ है।

आप चाहे एड्स की भयानकता के जितने भी किस्से सुनाएँ, लेकिन हमारे मोहल्ले में महिला मंडल में एड्स अपनी लोकप्रियता की चरम सीमा पर है। इस लोकप्रियता का साक्षात प्रमाण मुझे तब मिला, जब मैं अपने मोहल्ले के अधेड़ और गंजे किन्तु दिलफेंक अफसर मित्र के घर पहुँचा। वे तो नहीं मिले, किन्तु भाभीश्री के साक्षात अग्नि बरसाने वाले चेहरे पर मुस्कुराहटों के फूल खिल रहे थे। मैं उनकी प्रसन्नता का राज पूछूँ, इसके पहले ही वे बोलीं— "भैया, आप प्रसाद लीजिए।" मैंने प्रसाद लेते हुए कहा— "प्रसाद किस खुशी में?" वे मुझे अन्दर ले गईं और बोलीं— "मैं हर गुरुवार को एड्स देवी की पूजा करती हूँ। इस देवी की कृपा से आपके भाई साहब ने उस बालकटी स्टेनो को नौकरी से निकाल दिया है।" 'तू नहीं और सही' की उक्ति में विश्वास रखने वाले उस भौंरा स्वभाववाले अफसर को मैं अच्छे से जानता था, इसलिए कहा— "भाभीजी! बन्दर बूढ़ा हो जाए, लेकिन गुलाट मारना नहीं भूलता।"

"नहीं-नहीं भैया! अभी तो एड्स से इतने डर गए हैं कि शाम के बाद घर से बाहर तक नहीं निकलते। अब तो मैंने स्टेनो भी अपने भतीजे को लगवा दिया है, जो हर पल की ख़बर मुझे देता रहता है। कल पहली बार मुझे शिमला ले जा रहे हैं। सब एड्स देवी की कृपा है।"

मैं गदगद हो गया। जिन लोगों ने भगवान श्रीराम के जीवन से प्रेरणा नहीं ली, महात्मा गांधी के उपदेश जिन पर बेअसर साबित हुए, ऐसे दुराचारियों का हृदय परिवर्तन एड्स ने कर दिया। अखिल भारतीय पत्नी संघ को चाहिए कि वे एड्स के प्रति कृतज्ञता ज्ञापित करने के लिए एक विशाल 'धन्यवाद रैली' का आयोजन करे। समाज सुधार के लिए इस वर्ष का सर्वोच्च पुरस्कार 'एड्स' को ही दिया जाना चाहिए।

एड्स से उपजे सदाचार का सर्वेक्षण करते हुए मैं अपने एक मंचीय कवि मित्र के पास पहुँचा, जो हमेशा खूब से खूबतर की तलाश में रहते थे और कविताएँ पढ़ते समय दृष्टि महिला श्रोताओं की ओर रखने के लिए कुख्यात थे। कवि मित्र उदास थे। मैंने पूछा—"फिर कोई रचना लौट आई क्या?"

"नहीं यार! सत्यानाश हो इस एड्स का। तुम्हारी भाभी ने एक हफ़्ते से बेड रूम में एंट्री बन्द कर दी है। उसे तीन घोर शृंगारिक कविताएँ भी सुनाईं, लेकिन उसके हृदय में सुसुप्त भावनाएँ फिर भी नहीं जागीं। अजीब ज़िद पर अड़ी है। कहती है—कवि सम्मेलनों में पन्द्रह दिन बाहर रहकर लौटे हो। 'एच. आई. वी. 'टेस्ट करवाकर रिपोर्ट मेरे हाथ में ला के दो। रिपोर्ट 'नेगेटिव' हुई तभी पास आने की इज़ाजत मिलेगी।" कवि महोदय को मैंने एक शेअर सुनाया और विदा ली:

न ही खुदा मिला न ही विलासे सनम।
न इधर के रहे न उधर के रहे हम।

मैं अखिल भारतीय नैतिकता बचाओ संस्था के मंत्री से मिला। उसने बताया कि हमारी संस्था का अस्तित्व संकट में पड़ गया था। हमारे उपदेशों की लोग हँसी उड़ाते थे और हमें पुरातत्व संग्रहालयों में रखने की तैयारियाँ हो रही थीं। किन्तु हम आभारी हैं एड्स के, जिनकी कृपा से हमारी पिछली सभा में कुल पच्चीस लोग आए, जिनमें से आधे से अधिक साठ वर्ष से कम आयु के थे। आज़ादी के बाद हमारी संस्था की बैठक में इस रिकार्ड उपस्थिति का पूरा श्रेय हम एड्स को ही देते हैं।

हर इंसान के मन में एक चोर बैठा हुआ है। घर के बाहर 'मज़ा' भी मारना है, लेकिन हिन्दुस्तानी मानसिकता के अनुसार चाहता है कि मयखाने की बात बाहर न जाए मयखाने से। बुरा हो इस एड्स का जो हमाम के नंगों को दुनिया के सामने नंगा कर देती है। बदनामी तथा मौत के इस डर ने अवैध सम्बन्धों के थ्रिल और रोमांच को इसने समाप्त कर दिया है।

अपने घर की मुर्गी को दाल समझने वाले तथा बाहर की मुर्गी को बेहिचक हलाल करने वाले सदाचार और चरित्र का लबादा ओढ़े एक नेताजी ने मुझसे कहा—''ये एड्स बहुत बुरी बीमारी है?'' मैंने कहा—''क्यों, सीधा बाल्कनी का टिकट कटा देती है इसलिए?'' उन्होने कहा—''नहीं, जानलेवा तो कैंसर भी है। लेकिन कैंसर हो जाए, तो लोगों की सहानुभूति आपके प्रति बढ़ जाती है। यदि आप चुनाव प्रचार के बीच यह घोषणा करवा दें कि आपको कैंसर है और प्रमाण के तौर पर बम्बई भी चले जाएँ, तो सहानुभूति की लहर में आप निश्चित रूप से चुनाव जीत जाएँगे। लेकिन अगर ख़ुदा न खास्ता यह ख़बर फैल जाए कि आप एड्स से पीड़ित हैं, तो आपकी पत्नी का वोट भी आपको नहीं मिलेगा और आपके सारे सदाचार की पोल दुनिया के सामने खुल जाएगी।'' नेताजी के चेहरे पर भय और चिन्ता का रेखाएं उभर आई। मेंने नेताजी को डराने के लिए एक और शोशा छोड़ा—''सरकार ने दो से ज़्यादा बच्चे पैदा करने वाले पिताश्रियों का विधानसभा में प्रवेश वर्जित कर दिया है। अब सुन रहे हैं कि एड्स के टेस्ट में 'सही सलामत' निकलने वालों को ही चुनाव लड़ने लड़ने की अनुमति मिलेगी।''

नेताजी और भयभीत हो गए। उन्हें उसी अवस्था में छोड़कर मैं आगे बढ़ गया और जा टकराया पैथालाजिकल लेबोरेटरी एसोसिएशन के अध्यक्ष से। वे बोले—''एड्स ने जब से भारत का दरवाज़ा खटखटाया है, तब से लक्ष्मी जी हमारा दरवाज़ा जोर-शोर खटखटाने लगी लगी है। पत्नी के अलावा प्रेमिका पालने के आदी सारे पुरुष आधी रात को आकर अपना एच. आई. वी. टेस्ट करवा रहे हैं और हमने भी 'आदर्श व्यापारी संहिता' को ध्यान में रखते हुए इस टेस्ट की फीस केवल चार गुना बढ़ा दी है।'' उसने अपनी एसोसिशएन की ओर से एड्स से शहीद हुए वीरों की स्मृति में स्मारक बनबाने की घोषणा भी की।

एड्स के आगमन के पश्चात् महिलाओं को बलात्कारियों से डरने की

आवश्यकता नहीं रह गई है। कोई पुरुष कुदृष्टि लेकर कदम आपकी ओर बढ़ाए तो धीरे से फुसफुसा भर दीजिए कि 'ब्लड टेस्ट में मेरा एच. आई. वी. पाजिटिव निकला है।' फिर देखिए कमाल! वह पुरुष पल भर में रफूचक्कर हो जाएगा और ज़िन्दगी भर आपसे दो सौ गज की दूरी बनाकर ही चलेगा।

एड्स के कारण अपने ख़ून का सौदा करने वाले सौदागारों के व्यवसाय में भी शेयर बाज़ार जैसी मंदी आ गई है। अब लोग बाज़ार में ख़ून खरीदने के बजाय अपने स्नेहीजनों को खुद ख़ून देरने लगे हैं। इससे ख़ून के रिश्ते और सुदृढ़ हुए हैं और पारिवारिक प्रेम बढ़ा है।

नशा लेने के लिए काम में लाए जाने वाले इंजेक्शनों से एड्स के कीटाणु शरीर में प्रवेश कर सकते हैं, इस तथ्य के प्रचार ने स्मैक और हैरोइन के नशे में सातवें आसमान पर विचरण कर हरे कई बिगड़े नौजवानों का नशा उतार दिया है। एड्स है ही इतनी ख़तरनाक चीज़ कि नाम सुनते ही सारा नशा हिरन हो जाता है। एड्स की इस युवा पथ-प्रदर्शक भूमिका के बारे में कभी सोचा है आपने?

एड्स से समलैंगिकता कितनी कम हुई, यह तो भोपाल और लखनऊ वाले ही बता पाएँगे, लेकिन यह गोपनीय ख़बर मैं आपको आयकर अधिकारी मित्र से प्राप्त जानकारी के आधार पर दे सकता हूँ कि एड्स के महामारी के रूप में फैलने की ख़बरों के साथ रेडलाइट एरिया में अपनी दुकान पर निरोध बेचने वाला पनवाड़ी आजकल मारुति कार में घूम रहा है। कंडोम की बिक्री में हो रही अन्धाधुन्ध वृद्धि का श्रेय भले ही कोई 'कामसूत्र' के लिए पूजा बेदी के उत्तेजक विज्ञापन को दे, किन्तु इस श्रेय का असली हकदार तो एड्स ही है।

एड्स के कारण 'सुरक्षित यौन सम्बन्ध' हमारे दैनिक जीवन में बोलचाल में कॉमन अभिव्यक्ति हो गई है। यहाँ तक कि मेरे पन्द्रह वर्षीय पुत्र पप्पू ने मुझसे पूछा—"पापा! सुरक्षित यौन सम्बन्ध का अर्थ क्या है?" मैं चकित

रह गया। फिर तुरन्त बोला—"वे यौन सम्बन्ध सुरक्षित यौन सम्बन्ध कहलाते हैं, जिन्हें बनाने से आपका नाम अख़बारों की सुर्खियों में आने की सम्भावना न हो।" इस प्रकार एड्स किशोरों को यौन शिक्षा प्रदान करने में भी महत्वपूर्ण भूमिका निभा रहा है।

तुलसीदास ने कहा था— 'भय बिन होई न प्रीति गोसाईं।' एड्स से समाज में आई सदाचार की बाढ़ ने उनके कथन को पूर्ण सत्य का दर्जा दिया है। वैसे भी हमारी पुलिस तो पहले ही इसी कथन को अपना अघोषित सूत्र मानती रही है। ऐसे कठिन वक्त में जब मुक्त यौन सम्बन्धों की आँधी हमारे सामाजिक ताने-बाने को छिन्न-भिन्न करने पर तुली हुई थी, तब एड्स ने हमारे जीवन में सदाचार का नया प्रकाश बिखेरा है। इसलिए पड़ासनों से प्रेम करने वाले मित्रों! जब तक एड्स का कोई असरकारक टीका नहीं खोज लिया जाता, तब तक अपने दिल पर पत्थर रखकर 'पत्नी शरणम् गच्छामि' को अपना सूत्र वाक्य बनाएँ। इसके अलावा आपके पास रास्ता भी क्या है?

लॉग बुक में लिखा सम्पूर्ण सत्य

मेरे ड्राइवर ने सुबह-सुबह आकर घोषणा की—"साहब! अब मैं झूठी लॉग बुक नहीं भरूँगा।" मैंने गौर से देखा तो सहम गया। उसके चेहरे पर वही प्रकाश विराजमान था, जो सत्य के प्रयोग करते समय मोहनदास करमचंद गांधी के चेहरे पर रहा होगा।

मैंने कहा—"रात में भाँग खा ली है क्या? कैसी बहकी-बहकी बातें कर हरे हो?" उसने कहा—"साहब, रात में हमने राजा हरिश्चन्द्र की कहानी पढ़ी और हमारा हृदय-परिवर्तन हो गया। आप इधर-उधर यार-दोस्तों में गाड़ी घुमवाते हैं और लिखते हैं कि राशन की दुकान का आकस्मिक निरीक्षण किया। जाते हैं सिनेमा और लिखते हैं कि सचिवालय गया। इस प्रकार की धाँधली अब हम नहीं चलने देंगे।"

उसकी बातों से सच्चाई की गन्ध आ रही थी। मैंने तुरंत नाक बंद कर ली। नाक बंद करते ही मेरे ज्ञान-चक्षु खुल गए। कुछ दिन से मेरे ऊपर पेट्रोल की बचत का भूत सवार था और उसी के असर से में मैंने अपनी सरकारी कार

के प्रति किलोमीटर पेट्रोल की खपत के हिसाब-किताब में अपनी चोंज ज़रूरत से ज़्यादा डुबा दी थी। वही चोंच ड्राइवर को अन्दर तक चुभ गई थी, जिसके परिणामस्वरूप उसके अन्दर सत्य का झरना फूट पड़ा था।

मैं समझ गया कि अब मेरा उपदेशामृत भी सत्य के स्टेयरिंग ह्वील से चिपक गए इस सत्यवादी की गाड़ी 'सत्यपथ' से झूठ नगर की ओर नहीं मोड़ सकेगा। इसलिए मैंने कहा—"मुझे खुशी है कि तुम्हारे अन्दर सत्य का 'गियर' प्रकट हुआ है। आज से लॉग बुक में वही लिखा जाएगा, जो पूर्ण सत्य होगा। तुम्हें पूरा अधिकार है कि हम गाड़ी जहाँ-जहाँ लेकर जाएँ, उसका सही-सही लेखा-जोखा लॉग बुक में दर्ज करो, किन्तु यात्रा के उद्देश्य का कॉलम हम भरेंगे।"

वह सहमत हो गया। उसके चेहरे पर कुटिल मुस्कुराहट थी। कुछ देर बाद मैंने उसे बड़े बाबू से फुसफुसाते सुना—"साला, हर काम में अपनी टाँग अड़ाता है। अब लॉग बुक की 'प्रविष्टियाँ' इसे जाँच के घेरे में प्रविष्ट करवाएँगी, तब अक्ल ठिकाने आएगी इसकी।"

शाम को कवि गोष्ठी थी। कविता के कीटाणु बचपन से ही मरी रग-रग में कुलबुला रहे थे और हर कवि गोष्ठी में माइक के माध्यम से उन कीटाणुओं को श्रोताओं में फैलाने के बाद भी वाह-वाह के वाइरस के प्रभाव से कीटाणु बढ़ते ही जा रहे थे। इसलिए कवि-गोष्ठी का निमंत्रण टालना असम्भव था।

शाम को कवि गोष्ठी से लौटने के बाद ड्राइवर ने लॉग बुक मेरे समक्ष रखी, जिसमें लिखा था—"कार्यालय से संस्कृति भवन गया, जहाँ कवि-गोष्ठी आयोजित की गई थी।" मैंने उस प्रविष्टि को पढ़ा, मुस्कुराया और यात्रा के उद्देश्य कॉलम में भरा— "प्रधानमंत्री राहत कोष के लिए कवि सम्मेलन आयोजित करने हेतु कवि गोष्ठी में आए कवियों से विचार-विमर्श किया।"

दूसरे दिन हमारी मेम साहब की फरमाइश पर उन्हें 'माया मेम साहब' दिखाने ले जाना पड़ा। ड्राइवर ने प्रसन्नतापूर्वक लॉग बुक में लिखा—"घर

से गाड़ी लेकर 'ज्योति' टॉकीज गया, वहाँ फिल्म देखी और वापस लौटा।'' मैंने 'तू डाल-डाल मैं पात-पात' के अन्दाज़ में उद्देश्य दर्ज किया—''सिनेमा हॉल की साफ-सफाई का निरीक्षण किया। फिल्म 'माया मेमसाहब' केवल वयस्कों के लिए है, इसलिए सिनेमा हॉल में अवयस्कों की उपस्थिति की गुप्त निगरानी की। सब कुछ ठीक पाया।'' इस प्रविष्टि को लिखने के बाद मुझे विश्वास हो गया कि अफसरशाही में अब मैं पूर्ण वयस्क हो चुका हूँ।

कुछ दिनों बाद भारत भवन से नाटक देखने के बाद लौटते हुए मैंने सत्यवादी ड्राइवर से पूछा—''आज लॉग बुक में क्या लिखोगे?'' उसने कहा— ''भारत भवन में जाकर नाटक देखने की बात लिख देंगे।'' मैंने कहा—''ठीक है। उद्देश्य में लिखा जाएगा—साक्षरता मिशन के प्रचार के लिए नुक्कड़ नाटकों की तैयारी का अवलोकन किया।'' वह मेरा मुँह ताकता रहा।

अगले सप्ताह जब मैं सपरिवार साँची के बौद्ध स्तूपों के दर्शन के लिए मय सत्यवादी ड्राइवर और सरकारी गाड़ी के पहुँचा, तो ड्राइवर की प्रसन्नता पेट्रोल के दामों जैसी एवरेस्ट पर विराजमान थी। उसने कहा—''सर, आज उद्देश्य में क्या लिखना है? बता दीजिएगा।'' मैंने कहा—''तुम अभी धैर्य धरो।'' साँची दर्शन के बाद बाहर निकलते हुए कुछ जापानी पर्यटकों से हमने हाथ मिलाए, नमस्ते की, उनका अभिवादन स्वीकार किया और घर आकर लॉग बुक में लिखा—साँची में विदशी पर्यटकों से भेंट कर उन्हें भारत सरकार के गरीबों के कल्याण की विकास-योजनाओं की जानकारी दी जिससे वे बहुत प्रभावित हुए।''

ड्राइवर इन घटनाओं से परेशान था और उसकी पेरशानी को 'फुल स्पीड' में लाने के उद्देश्य से मैंने उसे कारण बताओ नोटिस थमा दिया, जिसका मजमून इस प्रकार था—'' कार्यालय के सरकारी वाहन की मरम्मत के लिए पिछले दिनों आपके द्वारा प्राप्त तीनों कोटेशनों का सूक्ष्म निरीक्षण करने पर पाया गया कि अलग-अलग तीनों फर्मों के कोटेशन एक ही हस्तलिपि में लिखे गए

हैं। इस प्रकार आपने फर्जी कोटेशन प्रस्तुत कर अनियमितता की है। अत: क्यों न आपको निलम्बित कर आपकी विभागीय जाँच की जाए।''

कारण बताओ नोटिस मिलते ही ड्राइवर मेरे सामने नतमस्तक हो गया। बोला—'' सर, मेरे सर से सत्य का भूत उतर चुका है, मुझे बचा लीजिए।''

मैंने कहा—''तुम सत्यवादी हरिश्चन्द्र की कहानियाँ पढ़ना बंद करो और गोएबल्स को अपना गुरु बना लो।''

वह कुछ समझा नहीं, लेकिन कहने लगा— ''यस सर, जैसा आप कहेंगे, लॉग बुक वैसी ही भरूँगा।''

उसके बाद फिर से लॉग बुक में 'सम्पूर्ण सत्य' अंकित होने लगा।

इंस्पेक्टर राज को श्रद्धांजलि

मध्य प्रदेश के बजट की खबरें दूरदर्शन पर सुनने के बाद मैं साल भर का शैम्पू,साबुन और टूथपेस्ट ख़रीदने के नेक इरादे से बाज़ार की ओर बगटुट भागा। एक कॉलोनी के पास से गुजरते हुए मुझे हर घर से करुण विलाप, क्रन्दन और हाहाकार के स्वर होल सेल में सुनाई पड़े। मुझे लगा कि शायद यहाँ कोई सामूहिक दुर्घटना घटी है। पूछताछ के लिए मैं कालोनी में प्रविष्ट हुआ। कॉलोनी के नाम-पटल पर लिखा था—'विक्रय कर निरीक्षक कालोनी'।

मैंने हाहाकार के साक्षात अवतार जैसे एक सज्जन को रोककर पूछा—"भाई साहब, आखिर क्या हुआ?"

उसने सुबकते हुए कहा—"अभी-अभी कुछ देर पहले हमारी सुख, शान्ति और समृद्धि के स्रोत इंस्पेक्टर राज जी की निर्मम हत्या कर दी गई है।"

मैंने कहा—"हत्यारा कौन है? क्या वह पकड़ा गया?"

सज्जन कहने लगे—"एक राजा के आम जनता को दिए वचन के आधार पर एक फौजी आदमी के हाथों इंस्पेक्टर राज जी शहादत को प्राप्त हुए हैं। राजा साहब को इंस्पेक्टर राज की हत्या के लिए जनादेश प्राप्त है, इसलिए उनका बाल भी बाँका नहीं किया जा सकता।"

कॉलोनी के मध्य एक बड़े मैदान में 'इंस्पेक्टर राज' की दुखद मृत्यु के उपलक्ष्य में एक भव्य श्रद्धांजलि समारोह का आयोजन किया गया था, जिसमें कॉलोनी के निवासी सभी स्त्री, पुरुष, बच्चे, बूढ़े और शहर के कुछ अगणमान्य व्यक्ति भी उपस्थित थे।"

सबसे पहले स्वर्गीय इंस्पेक्टर राज के विशाल छायाचित्र पर कॉलोनी के अध्यक्ष महोदय ने माल्यार्पण किया। छायचित्र किसी यथार्थवादी आर्टिस्ट के हाथों बना दिख रहा था, जिसमें इंस्पेक्टर राज को एक मोटे सेठ के साथ दिखाया गया था। इंस्पेक्टर का एक हाथ सेठ के गले में और दूसरा उसकी जेब में था। पृष्ठभूमि में रखी हुई अनाज की बोरियों से पता चलता था कि दृश्य सेठ जी के गोडाउन का है।

माल्यार्पण के बाद अध्यक्ष ने करुणामय स्वर में अपना विलाप प्रारम्भ किया—"भाइयों और बहनो, हम सबकी जीवन-नैय्या के खिवैया इंस्पेक्टर राज जी की मृत्यु के कारण हम अनाथ हो गए हैं। मैं अपने सगे पिता की मृत्यु पर भी इतना नहीं रोया था, जितना आज रो रहा हूँ। मुझे दुख इस बात का है कि वणिक-पुत्रों के बहकावे में आकर सरकार ने अपने कमाऊ बेटे को उदारवाद की बलिवेदी पर कुर्बान कर दिया। मुझे इसमें मल्टी नेशनल्स की साजिश की गन्ध आ रही है।'

"इतिहास इस बात का गवाह है कि इस कॉलोनी का हर मकान और ड्राइंगरूम से लेकर बेड रूम तक का हर सामान इंस्पेक्टर राज के आशीर्वाद से ही उत्पन्न हुआ था। सरकार के खजाने का एक बड़ा हिस्सा भी इंस्पेक्टर राज जी ही भरते थे, लेकिन सरकार कवि कालिदास का अंधानुकरण करने

पर उतारू है, तो हम क्या कर सकते हैं?"

विक्रय कर निरीक्षक संघ के उपाध्यक्ष ने कहा—"हम सबके प्यारे, दुलारे, आँखों के तारे इंस्पेक्टर राज जी चले गए यानि 'राज' चला गया और हम केवल इंस्पेक्टर रह गए। राज-विहीन इंस्पेक्टर मंत्रीमंडल से हटा दिए गए मंत्री के समान होता है। जब चलती थी तलाशी,हो जाती थी इन्कम अच्छी खासी। अब चैकिंग ही नहीं रहेगी, तो हम कैसे रहेंगे किंग? उड़न दस्ते में पदस्थ हमारा हर इंस्पेक्टर अपने अंदर बाज़ की शक्ति महसूस करता था और बाज़ के समान ही झपट्टा मारकर व्यापारियों की जेब में रखी हुई मुद्रा को झपट लेता था। लेकिन उड़न दस्ते के समाप्त होते ही हम पर-कटे पक्षी के समान हो गए हैं। निरीक्षक से निरीक्षण छीन उसे इतना निरीह बना दिया गया है कि इस क्षणभंगुर संसार में रहने की इच्छा भी नहीं रही।" उनके इन सत्यवादी वचनों को सुन श्रद्धांजलि सभा में उपस्थित सभी की आँखें भर आईं।

संघ के सचिव ने अपनी व्यथा इन शब्दों में व्यक्त की—"इंस्पेक्टर राज जी के खिलाफ साजिश पिछले कुछ सालों से चल रही थी। अख़बारवालों ने आम जनता के बीच उनकी इमेज ख्वामखाह ख़राब कर रखी थी, जबकि हम लोगों ने पटवारी और पुलिस के समान किसानों को कभी नहीं सताया। हमने गाँव की सूरत भी नहीं देखी। हम लोग केवल व्यापारियों की दुकानों, मकानों, गोडाउनों और जाँच-चौकियों के आसपास मँडराते रहे। इस प्रकार स्पष्ट है कि इस देश की आम जनता किसान मजदूर वर्ग को हमसे कोई पेरशानी नहीं थी। पी. डब्ल्यू. डी. और सिंचाई जैसे विभाग सरकार की सारी कमाई फूंक देते थे और हम सरकार के कमाऊ बेटे थे। उसके बाद भी सरकार ने न हमें क्वार्टर दिए, न गाड़ी, न फोन, न भृत्य; फिर भी इंस्पेक्टर राज जी की कृपा से हमें कभी किसी वस्तु की कमी नहीं रही। लेकिन सरकार ने 47 साल के युवा इंस्पेक्टर राज जी को असमय समाप्त कर हमें दर-दर की ठोकरें खाने को मज़बूर कर दिया है। अब हमारा क्या होगा?"

कार्यक्रम के आयोजक ने कहा—"कल जो होने वाला है, उसका किस्सा आज ही मुझसे सुन लीजिए। मैं श्रद्धांजलि सभा के लिए सामान ख़रीदने बाज़ार गया था। वहाँ दीपावली जैसा माहौल था। व्यापारी लोग पटाखे फोड़ रहे थे और अतिशबाजी चला रहे थे। मुझे देखकर किसी ने नमस्कार भी नहीं किया। श्रद्धांजलि भोज के लिए सामान की लिस्ट थमाइ, तो किराना दुकानदार नगद पैसा माँगने लगा।"

इस पर पूरी सभा ने शेम-शेम के नारे लगाए। मेरे बाजू में खड़े सज्जन ने कहा—"कमीनगी की भी हद होती है, न जाने दुनिया का क्या होगा?"

सेल्स टैक्स डिपार्टमेंट के साहित्यिक रुचि के एक अधिकारी ने दार्शनिक अन्दाज़ में कहा—"जिसके पास धन होता है, उसके पास भय होना भी आवश्यक है। किन्तु सरकार ने लक्ष्मी-पुत्रों को भयविहीन कर शास्त्र-विरुद्ध काम किया है। भय के बिना प्रीति न होगी और प्रीति न होगी, तो सौजन्य भेंट की रीति न होगी। अभी तक समयाभाव के कारण मैं लघु-कथाएं लिखता था। अब 'इंस्पेक्टर राज के बाद' नामक एक बृहत् उपन्यास लिखने की योजना बना रहा हूँ।"

इतने में एक इंस्पेक्टर-पत्नी बहवास-सी चिल्लाती हुई आई—"बचाओ! बचाओ!" सब लोग पूछने लगे—"क्या हुआ? क्या हुआ?"

उसने बताया—"देखिए ना,हमारे साहब का एरिया 'साड़ी बाज़ार' है। मैं पिछले हफ़्ते बारह साड़ियाँ लेकर आई थी, जिसका एडजेस्टो 'हफ़्ते' से होना तय हुआ था। मुआ दुकानदार मेरे पास साड़ियाँ वापस माँगने आया है।"

इसी समय डाकिया पाँच अर्जेंट टेलिग्राम लेकर सभास्थल पर प्रकट हुआ। पता चला कि सभी टेलिग्रामों का मजमून एक ही था। कॉलोनी के तीन युवा इंस्पेक्टरों और दो इंस्पेक्टर पुत्रियों की सगाई उनके भावी ससुरों ने तोड़ दी थी। इस पर सभा में कोहराम मच गया।

कॉलोनी के प्रवेश द्वार पर स्थित मिठाई की दुकान के दार 'मंगाराम जी' ने इंस्पेक्टर राज को श्रद्धांजलि देते हुए फरमाया—"इंस्पेक्टर साहब लोगों से सौजन्य भेंट करने वाले हमारी दुकान से मिठाई खरीदते थे। अब हमारा दीवाला निश्चित है।"

इतने में व्यापारी समाज का एक विभीषण मंच पर प्रकट हुआ और कहने लगा—"इंस्पेक्टर राज की समाप्ति का हमें भी गहरा दुख हैं, क्योंकि इंस्पेक्टर साहब को हफ़्ता देने बाद हम निश्चिंत होकर दो नम्बर का काम करते थे, लेकिन अब पकड़े गए तो पांच गुना जुर्माना देना पड़ेगा और हो सकता है कि भगवान कृष्ण के जन्म-गृह की यात्रा भी करनी पड़े।" लोगों ने तालियों की गड़गड़ाहट से उनके कथन का स्वागत किया।

इतने में सगाई-भंग से पीड़ित एक युवा इंस्पेक्टर मंच पर चढ़ गया और उसने युवा तुर्क के अंदाज में कहा—"आप लोगों ने इंस्पेक्टर राज की छत्र-छाया में अपने घर भर लिए, लेकिन हमने अभी एक साल पहले ही ज्वाइन किया है, इसलिए उनकी कृपादृष्टि का प्रसाद पर्याप्त मात्रा में हमने नहीं चखा है। हमारी मांग है कि सभी सेल्स टेक्स इंस्पेक्टरों को पुलिस इंस्पेक्टर बना दिया जाए। पुलिस के सारे काम जैसे जाँच, तलाशी, वसूली वगैरह तो हमें आते ही हैं; सिर्फ गालियाँ देने की थोड़ी-सी प्रेक्टिस करनी पड़ेगी।" उनके वक्तव्य को भी व्यापक समर्थन मिला।

अन्त में इंस्पेक्टर राज को दो मिनट मौन रखकर श्रद्धांजलि अर्पित की गई और इंस्पेक्टर राज की महिमा बखान करने वाला एक भजन समवेत स्वर में गाया गया। सभा के अन्त में कुछ प्रस्ताव सर्वसम्मति से पारित किए गए।

पहले प्रस्ताव में इंस्पेक्टर राज समाप्ति की निंदा की गई और दूसरे में इससे दुखी सभी इंस्पेक्टरों को पुलिस, ट्रांसपोर्ट इत्यादि विभागों में एडजस्ट करने की मांग की गई। अन्तिम प्रस्ताव में कहा गया कि चूँकि इस होली पर रंग, पिचकारियाँ, गुलाल इत्यादि सौजन्य के माध्यम से प्राप्त होने की सम्भावना

नहीं है, इसलिए विरोध-स्वरूप इंस्पेक्टर कॉलोनी में होली नहीं मनाई जाएगी। इंस्पेक्टर राज की शवयात्रा धूमधाम से निकालने का निर्णय लिया गया। इसके बाद सभा विसर्जित हुई।

इतिहास पुरुष से मित्रता का सुख

कल तक मुझे इस बात का ज़्यादा अफसोस था कि मेरी जान-महचान वाला कोई व्यक्ति इतिहास पुरुष नहीं है। रायपुर जैसे छतीसगढ़िया शहर में पैदा हुए, पले, बढ़े। अब हमारी मित्रता न तो किसी नेता के सुपुत्र से हुई और किसी अभिनेता से होने का तो प्रश्न ही नहीं पैदा होता। इलाहाबाद या दिल्ली में पैदा हुए होते, तो एकाध सहपाठी अखिल भारतीय स्तर का कवि निकल आता, लेकिन हमारे स्कूल में कविता लिखने वाले एकमात्र प्राणी हमीं थे और पूरे स्कूल में इस दुर्गुण के कारण विचित्र दृष्टि से देखे जाते थे। उम्र के आधे वसन्त गुजर गए, लेकिन ऐसा कोई व्यक्ति नहीं था, जिसके संस्मरण या सच्चे-झूठे किस्से पास-पड़ोस, दोस्त-यारों में सुनाकर अपना रौब गाँठ सकें। हमारे एक आला अफसर अकसर हमें दून स्कूल में पढ़े राजीव-संजय के किस्से बड़े गर्व से सुनाया करते थे। सुनकर हमारी जान जल जाती थी, क्योंकि उनके साथ के पढ़े प्रधानमंत्री बन गए। हमारे साथ पढ़े एक दोस्त मध्य प्रदेश के मंत्रीमंडल में राज्यमंत्री जरूर बन गए थे, लेकिन अभी उनकी ख्याति ने मध्य प्रदेश की सीमा नहीं लाँघी है और न ही उन्होंने ऐसा कोई कारनामा अंजाम दिया है,

जिससे उन्हें इतिहास पुरुष की उपाधि से विभूषित किया जा सके। हम इसी गम में घुले जा रहे थे कि मेहता बन्धुओं का भारतीय इतिहास का महानतम प्रतिभूति घोटाला कांड प्रकाश में आया और हमारी मन की मुराद पूरी हो गई।

बात दरअसल यह है कि हर्षद मेहता के छोटे भाई श्री अश्विन मेहता रायपुर के दुर्गा महाविद्यालय में हमारे साथ पढ़ते थे। इससे भी ज़्यादा गौरव की बात यह है कि सन 75-76 में हम दुर्गा महाविद्यालय छात्र संघ के अध्यक्ष थे और अश्विन मेहता हमारा महासचिव। हम दोनों आपतकाल की उपज थे और हमारे पूज्य प्राचार्य श्री रणवीर सिंह शास्त्री की मेहरबानी से मेरिट के आधार पर छात्र संघ के क्रमश: अध्यक्ष और सचिव मनोनीत होकर पद पा गए थ। अध्यक्ष बनना हमारे बस का रोग था नहीं, क्योंकि वाद-विवाद वीर के नाम से हमें दुर्गा महाविद्यालय में जाना तो जाता था, लेकिन चूँकि न हमारा सम्बन्ध देशबन्धु संघ से था न हम ब्राह्मण पारा की पैदाइश थे, इसलिए चुनाव जीतकर अध्यक्ष बनने की हमारी कोई गुंजाइश नहीं थी। और बेचारे अश्विन मेहता को तो उस जमाने में नहरपारा के बाहर कोई जानता भी नहीं था। लेकिन अब देखो तो पिछले दो साल से रेडियो, टी. वी., अखबार जहाँ देखो हर्षद मेहता और उसके भाई अश्विन मेहता छा गए हैं। जब तक सूरज-चाँद रहेगा मेहता बन्धु, शेयर बाजार में तुम्हारा नाम रहेगा।

सही मायनों में इतिहास पुरुष हो गए दोनों। दरअसल इतिहास ने प्रेस विज्ञप्ति जारी कर स्पष्ट कर दिया था कि उसके पृष्ठों पर नाम अंकित कराने के लिए भविष्य में कम से कम 300 करोड़ रुपए का घोटाला करना आवश्यक है। इसलिए न चाहते हुए भी मेहता बन्धुओं को इतिहास में एंट्री पाने के लिए 500 करोड़ का घोटाला करना पड़ा। बोफोर्स घोटाला करने वाले बेचारे शरमा रहे होंगे। चूल्लू भर पानी में डूब मरने लायक बात है न। चौंसठ करोड़ दलाली खाई और दुनिया नाम भी न जान पाई और यहाँ मेहता बन्धु सीना ठोककर आयकर वालों को ऑफर कर रहे हैं कि हम 100 करोड़ रुपए आयकर देने

को तैयार हैं। लगते हैं न बोफोर्स वाले बिलकुल बच्चे!! नटवरलाल ने पिछले तीन साल में आत्महत्या के तेरह प्रयास किए यह एक गोपनीय जानकारी 'स्कूप' के तौर पर मैं ही आपको दे रहा हूँ। हमें गर्व है मेहता बन्धुओं पर। हम छत्तीगढ़ियों की लाज रख ली। ईमान से अब हमारे पर लगा पिछड़ेपन का लेबल हटा दिया जाना चाहिए। जब से मेहता बन्धुओं के कारनामे प्रकाश में आए हैं, हम हर वक्त टी. वी. और अखबार पर आँख गड़ाए रहते हैं। जैसे ही शेयर घोटाले से सम्बन्धित कोई नई खबर प्रकाश में आती है, हमारी छाती गर्व से एक इंच और फूल जाती है। आखिर क्यों न हो, इस कांड का सहनायक हमारा मित्र था, हमारा महासचिव था और हमने पुराने सम्बन्ध अभी तक बनाए रखे होते, तो निश्चित था कि अश्विन मेहता शेयर घोटाला अपने भाई के नेतृत्व में करने के बजाय अपने पूर्व अध्यक्ष को ही इस शेयर घोटाले की अध्यक्षता का अवसर देता। एक बार कोर्ट ले जाते हुए हर्ष मेहता के साथ अश्विन मेहता की हल्की सी झलक टी. वी. पर देख हम जोर से चिल्ला पड़े, "अश्विन! अश्विन! मेरा दोस्त अश्विन!" मानो हमारी आवाज सुनकर वह अपने मुँह से रूमाल हटाकर टी. वी. में से जबाव देगा—कहो कैसे हो जब्बार भाई!! और पिछले दो सालों में शायद ही कोई बचा हो, जिसे इस जब्बार भाई ने अश्विन मेहता से अपनी दोस्ती के किस्से न सुनाए हों। इच्छा तो यह हो रही थी कि उसके नाम से दो-चार झूठे किस्से गढ़कर कुछ अपना भी रंग जमा लें। जैसे, फैला दें कि दलाली करने की प्रेरणा भी हमने ही दी थी, लेकिन इस डर से नहीं फैला पा रहे हैं कि कहीं प्रेरणा देने के आरोप में हमें भी अन्दर न कर दिया जाए।

पिछले साल महाघोटले के इन महानायकों के समस्त उच्चस्तरीय सम्पर्क याददाश्त गुमने की बीमारी से ग्रस्त हो गए और उन्होने स्पष्ट इन्कार कर दिया कि वे कभी मेहता बन्धुओं से मिले थे। दुबई वाले दाऊद भाई के साथ भी यही हो रहा है। जिन लोगों ने दुबई में उनकी मेहमाननवाजी को स्वीकार किया था, उनकी पार्टियों में आधी रात तक नाचे थे, दाऊद भाई के गले में बाँहें डालकर

फोटो खिंचवाए थे, सबके सब इन्कार कर रहे हैं। दाऊद भाई बुरे वक्त में साया भी साथ नहीं देता। यह केवल कहावत ही नहीं, इस दुनिया की गौरवमयी परम्परा है। किन्तु मुझे तो मित्रता धर्म की लाज रखनी है और फिर मैं कोई नेता या अभिनेता नहीं, अदना-सा व्यंग्यकार हूँ। अतः मैं विनम्रतापूर्वक स्वीकार करता हूँ कि मैं मेहता बन्धुओं से मिला था। एक बार नहीं सौ बार मिला था। रोज मिलता था। उस समय मिला था, जब वे रायपुर में गर्दिश के दिन काट रहे थे। उस समय करोड़ रुपए तो दूर, उनकी जेब में सौ रुपए भी नहीं हुआ करते थे। मैंने छात्र संघ के पैसे से कई बार दोनों को समोसे खिलाए थे। एक बार चौदह रुपए उधार भी दिए थे। आज तक वापस नहीं मिले।

मैं मेहता बन्धुओं से मिला था, उसका सबूत भी है मेरे पास। महाविद्यालय ने शपथ-ग्रहण समारोह का फोटो मैंने अपने पास सँभालकर रखा है, जिसमें अश्विन मेरे पास खड़ा है। इससे बड़ा व्यंग्य और क्या होगा कि सुप्रसिद्ध व्यंग्कार स्वर्गीय श्री शरद जोशी इस समारोह के मुख्य अतिथि थे। जोशी जी को क्या मालूम था कि वे जिसे कर्तव्यनिष्ठा की कसम खिला रहे हैं, वह निष्ठापूर्वक बैंकों का पैसा खा जाएगा।

जब से यह कांड प्रकाश में आया है और हमारी श्रीमती जी को अश्विन मेहता से हमारी दोस्ती का पता चला है, वह हमसे बहुत नाराज है कि पिछले 17 सालों से हमने इस महासचिव की खोज-खबर क्यों नहीं ली? उसके पास 15,000 वर्ग फुट का शानदार फ्लेट है और आपके पास 1500 वर्ग फुट का टटपूंजिया सरकारी क्वार्टर। उसके पास 45 एयर कंडीशन कारें हैं और आपके पास केवल एक खटारा स्कूटर। वह 100 करोड़ रुपए आयकर देने का आफर देता है और आप 100 रुपए आयकर बचाने के लिए घंटों बचत योजनाओं के फोल्डर पढ़ते रहते हैं। उसकी फोटो देश-विदेश के हर अखबार में, टी. वी. में चमक रही है, बी. बी. सी. पर भी उसका नाम आ रहा है, वह वर्ल्ड लेवल का हो गया, हो सकता है कि गिनीज बुक के अगले संस्करण में उसका नाम

भी आ जाए और तुम दो कविताएँ और चार व्यंग्य लिखने के बाद स्वयं को शरद जोशी और परसाई जी के समकक्ष मानने लगे हो। अगर एकाध बार भी उसके पास चले गए होते, तो वह तुम्हें भी कुछ शेयर खरीदवाकर तुम्हारी भी लाइफ बना देता। लेकिन हाय रे किस्मत! अश्विन मेहता के बारे में पता चला भी, तो तब जब उसकी लाई तेजी हवा हो चुकी थी। अब पछताए होत क्या जब घोटाला आ गया लाइट में।

बुरा हो इन सी. बी. आई. वालों का, जिन्होंने मेहता बन्धुओं को अन्दर कर दिया, वरना हमने उनके 15000 वर्ग फुट फ्लेट में मेहमान बनने की पूरी प्लानिंग बना ली थी। खैर पहली फुरसत से बम्बई जाकर पुरानी दोस्ती की याद दिलाकर मेहता बन्धुओं की जीवनी लिखने का इरादा है। जीवनी का शीर्षक रहेगा—'मेहता बन्धु : रायपुर से बम्बई तक कंगाल से करोड़पति बनने की कहानी।' मुझे पूरा विश्वास है कि इस देश के करोड़ों बेरोजगार नौजवान इस जीवनी से प्रेरणा प्राप्त कर घोटालों की एक धारावाहिक श्रृंखला तैयार करेंगे जिससे देश की गरीबी दूर हो जाएगी। और किसी और की हो न हो, इस बेस्टसेलर को लिखने के बाद मेरी गरीबी तो अवश्य दूर हो जाएगी। छतीसगढ़ को कल तक लोग अकाल, भूख से कथित मौतों से उत्पन्न विवाद और शुक्ला बन्धुओं की वजह से जानते थे, लेकिन अब मेहता बन्धुओं की वजह से जानते हैं। मेहता बन्धुओ, तुम संघर्ष करो, छत्तीसगढ़ तुम्हारे साथ है।

बड़े बाबू जी की विदाई

वे पैदायशी बाबू नहीं थे। प्रशासनिक सेवा की बाड़ी में वे एक मीडियम साइज की 'मिर्ची' के रूप में उगे थे अर्थात अफसरी लाइन में उन्हें प्रारम्भ में 'मझोले दर्जे' की कुर्सी मिली थी, किन्तु जटिल प्रसाद दास के साथ 'बड़े बाबू जी' उपाधि कब चिपकी, इस सम्बन्ध में बाबुओं की युनियन के दोनों गुटों में मतभेद है। अतः यह एक प्रशानिक जाँच का विषय है।

एक गुट का दावा है कि बड़े बाबू जी ने सेवा के पहले दिन से ही अफसरों की टी क्लब में प्रवेश नहीं किया और बाबुओं की कैन्टिन में उनके साथ चाय की चुस्कियाँ ली थीं। चूँकि वे अफसर थे, इसलिए बाबुओं ने मिलकर उन्हें पीठ पीछे बड़े बाबू जी के नाम से सम्बोधित करना प्रारम्भ कर दिया।

दूसरे गुट का दावा है कि बड़े बाबू जी ने सेवा के प्रारम्भिक वर्षो में आभिजात्य अफसर क्लास में घुलने-मिलने का प्रयास किया, किन्तु उनके चेहरे पर छाए रहने वाले स्थायी हीनता भाव, मितव्ययिता से पागलपन की हद तक लगाव और सप्ताह में सातों दिन किसी-न-किसी कारण से उपवास

रखने की आदत के कारण अफसरों की बिरादरी ने उनका अघोषित बहिष्कार कर दिया और उपहास में उन्हें बड़े बाबू जी कहा जाने लगा।

बहरहाल कारण जो भी हो, इतिहास इस बात का साक्षी है कि बड़े बाबू जी अफसरी के कुछ साल बाद ही पक्के बड़े बाबू बन गए। उनका शरीर अफसर का था, किन्तु आत्मा बड़े बाबू की। एक सच्चा किस्सा सुना था कि एक छोटा लड़का भेड़ियों की गुफा में कई साल उनके साथ रहा, तो भेड़ियों की सारी आदतें उसमें आ गईं। इस कहानी पर विश्वास नहीं होता था, किन्तु बड़े बाबू जी को देखा तो विश्वास आ गया।

जिन लोगों ने सरकारी फाइलों में नोटशीट पर बड़े बाबू जी की टिप्पणियों की लंबाई-चौड़ाई नापी है और उन टिप्पणियों में छिपे यक्ष प्रश्नों से दो-चार हुए हैं, वे शपथ पत्र देने के लिए तैयार हैं कि बड़े बाबू जी पूर्वजन्म में भी बाबू थे, इस जन्म में भी हैं और जब तक मानव योनि में हैं, तब तक बड़े बाबू बने रहेंगे।

नारंगीलाल जी ऐसे ही एक भुक्तभोगी हैं, जो बड़े बाबू के दफ्तर में छोटे बाबू थे। नारंगीलाल जी ने प्रथम पुत्र रत्न प्राप्त होने पर उसके मुंडन संस्कार के लिए जी. पी. एफ. से 2000 रुपए ऋण के लिए आवेदन पत्र दिया। जब फाइल बड़े बाबू जी की टेबल पर पहुँची, तो उन्होने तीन पेज की लम्बी टिप्पणी के अन्त में लिखा था—"मुंडन संस्कार हमारी सामाजिक बुराइयों में से प्रमुख है, अत: आवेदक को समझा दिया जाए कि वह नाई को बुलाकर 10 रुपए में अपने पुत्र के बाल कटवा लें। जी. पी. एफ. से ऋण लेकर समारोह करने का कोई औचित्य नहीं है।"

बड़े बाबू जी की समाज-सुधार की नेक सलाह की अवहेलना कर जब बाबुओं के प्रतिनिधिमंडल ने आला अफसर को शिकायत की, तो बड़े बाबू ने नारंगीलाल के पुत्र का जन्म प्रमाण पत्र माँग लिया। जब जन्म प्रमाण पत्र पेश किया गया, तो बड़े बाबू ने पहली बार उसमें नगरपालिका की सील न

होने की आपत्ति लगाई और दूसरी बार अधिकारी के हस्ताक्षर में ओवर राइटिंग होने के कारण उसे सन्देहास्पद मान लिया। हस्ताक्षर करने वाले अधिकारी का स्वर्ग में ट्रान्सफर हो चुका था, इसलिए दूसरा प्रामाण पत्र बनने के बाद नारंगीलाल को अपने सुपुत्र का मुंडन संस्कार और जनेऊ संस्कार एक साथ करने पड़े और मितव्ययिता की जीत हुई। ऐसे थे हमारे बड़े बाबू जी! लालफीता उनके जन्म के समय पूँछ के रूप में साथ ही पैदा हुआ था।

बड़े बाबू जी का एक और गुण था, जिसके कारण बाबू बिरादरी उन्हें कीचड़ में कमल मानती थी। ईमानदारी के सींग बड़े बाबू जी में जन्म से साथ ही उगे थे। ऐसी किंवदंतियाँ कार्यालयीन कैंटीनों में व्यापक चर्चा का विषय थीं। इन्हीं सींगों के प्रभाव के कारण बड़े बाबू जी ने बचपन में अपने छोटे भाई-बहनों से बिस्किट कभी छीनकर नहीं खाए। बड़े हुए, तो दौरे पर अपने साथ एक पोटली में दाल, आटा, आलू, चावल और तेल की डिब्बी साथ में ले जाने लगे। रेस्ट हाउस पहुँचकर अपने हाथ से नापकर सारी सामग्री खानसामा को थमाते और आले की सब्ज़ी और दाल-रोटी खाकर प्रसन्न होते। ऐसे युग में जब रेस्ट हाउस मुर्गों की कत्लगाह बन गया हो, उनकी यह ईमानदारी अखबारों की बॉक्स आइटम न्यूज बनी। लेकिन जब हमने इस विषय पर उनके अधीनस्थ तहसीलदार और रेस्ट हाउस के खानासामा का सामूहिक साक्षात्कार लिया, तो यह करुण कहानी सामने आई कि साहब तो कुछ नहीं खाते, लेकिन उनके ड्राइवर और चपरासी मुर्गे के नीचे किसी चीज को हाथ नहीं लगाते। इसलिए उनके लिए अलग से मुर्गा तो बनाना ही पड़ता है, क्योंकि अफसर अस्थायी और ड्राइवर स्थायी होता है। भविष्य के अफसरों के कानों को निन्दा रस से भरे जाने से बचाने के लिए उसका पेट भरना जरूरी होता है।

एक छिद्रान्वेषी छाटे अफसर ने बड़े बाबू जी की ईमानदारी में कई छेद ढूँढ़ निकाले। उनका कहना था कि साहब जी रेस्ट हाउस में खाना बनवाते समय यह भूल जाते हैं कि खाना बनाने में लकड़ी, नमक और मिर्च-मसाले भी लगते

हैं। इन सामग्रियों की व्यवस्था उन्होंने कभी नहीं की। इसी तरह कार्यालय के किसी अधिकारी के कमरे में लगे दो ट्यूबलाइट उनकी ईमानदारी और मितव्ययिता की मिली-जुली कुदृष्टि का शिकार हो जाते थे, किन्तु कागजों पर कुआँ बनाने वाले या रोड निर्माण के नाम पर भ्रष्टाचार का अन्तिम एपीसोड बनाने वाले बड़े बाबू जी के कोपभाजन नहीं बन पाते थे।

बात दरअसल यह थी कि आला अफसर बनने के बाद भी बड़े बाबू जी का मन फाइलों में ही रमता था। इतिहास गवाह है कि उन्होंने अपने जीवन में उपन्यास, कहानी, व्यंग्य, कविता कभी नहीं पढ़ी। छात्र जीवन में पाठ्य पुस्तकों के पारायण के बाद उन्होंने अफसरी, माफ कीजिएगा, बड़े बाबूगिरी करते हुए केवल फाइलों का ही अध्ययन किया था और प्रत्येक फाइल, चाहे वह कमीशन की हो या साक्षरता मिशन की, वे आदि से अन्त तक पढ़कर ऐसा निर्णय लेते थे, जिसे समझने में कार्यालय के बाबुओं को सामूहिक रूप से प्रयत्न करने के बाद भी एक सप्ताह लगता था।

साक्षरता मिशन के लिए समयबद्ध कार्यक्रम निर्धारण की फाइल में उन्हें मिशनरी संस्थाओं की गन्ध आई, तो उन्होंने मिशनरी संस्थाओं के कारनामों पर दो पेज की टिप्पणी लिखी। साक्षरता को ऐसा भटकाया कि वह जन के पास पहुँचने के बजाय आज तक उस ज़िले के जंगलों में भटक रही है। एक बार देशी सुअरों की नस्ल सुधारने के उद्देश्य से दस सुअरियों के पीछे एक सफेद सुअर खरीदकर उपलब्ध करवाने की फाइल पर उनका स्वदेशी मन बहका और गोरे विदेशियों ने किस प्रकार इस देश की सभ्यता और संस्कृति का सत्यानाश किया है, इस बारे में पाँच पेज की टिप्पणी लिख मारी। उसमें शामिल तीन श्लोकों का अर्थ जाने के लिए अधीनस्थ अफसरों को संस्कृत महाविद्यालय के प्रोफेसर की सेवाएँ हायर करनी पड़ीं।

जब दूसरे अफसर क्लब, यार-दोस्त, सैर-सपाटे में लगे रहते, बड़े बाबू जी फाइलों से ही आँखे लड़ाते रहते और यही कारण था कि 'फाइल' के पीछे

फील्ड उपेक्षित रह जाता। भूले-भटके फील्ड पर पहुँच भी गए, तो कागजों पर नहर-निर्माण करने वाले, लेकिन बड़े बाबू जी की आध्यात्मिक रुचियों का ज्ञान रखने वाला सब इंजीनियर नहर की ओर जाते हुए वह धीरे से फुसफुसाता—"सर,यहाँ से 9 कि. मी. दूर एक प्राचीन स्मारक है, जिसमें अद्‌भुत गुप्तकालीन शिलालेख है, लेकिन किसी वी. आई. पी. की विजिट के अभाव में उपेक्षित पड़ा है।" और बड़े बाबू जी का पुरातत्व प्रेम उन्हें वहीं खींच ले जाता। वे गुप्तकालीन शिलालेख की भाषा पढ़ने का प्रयत्न करते रहते और नहर कागजों पर ही बहती रहती। पुरातत्व के प्रति उनके इसी प्रेम को देखते हुए साथी अफसर उन्हें भी पुरातत्वीय सामग्री मानने लगे थे।

बड़े बाबू जी फाइल के फील्ड पर गोल दागने में तो माहिर थे, किन्तु मंच पर भाषण देते उन्हें नानी याद आ जाती। आला अफसर बनने के बाद वे एक बार शहरी कल्याण मंत्री के स्वागत समारोह में बार-बार उन्हें वन कल्याण मंत्री सम्बोधित करते रहे। पीछे से किसी मातहत ने चिट भेजी, पर उन्होंने मंत्री जी को वनवास से बाहर नहीं निकाला। मंत्री जी ने अपने भाषण में चुटकी ली—"कलेक्टर साहब को वनों से अधिक लगाव है, इसलिए हम उन्हें शीघ्र ही वन विभाग में स्थानान्तरित कर देंगे।" बड़े बाबू जी डरे ,क्योंकि वे जंगल जानवरों के रहने की चीज समझते थे। मंत्री जी के भाषण समाप्त करते ही हड़बड़ाहट में कह गए—"सॉरी सर, माय लेग स्लिप्ड!!" मंत्री जी विनोदी स्वभाव के थे। बोले—"नो सर, योर लेग इज आलराइट योर टंग स्लिप्ड एंड स्लिपिंग कन्टीन्यूसली!!" मंच पर जो ठहाके गूंजे उसे लोगों ने दूसरे दिन अखबारों में भी सुना।

बड़े बाबू में बाबुई तत्वों की अधिकता के कारण उनके रिटायरमेंट पर बाबुओं ने मिलकर एक भव्य विदाई समारोह आयोजित किया, जिसमें कार्यालय अधीक्षक ने बड़े बाबू जी की शान में युवा बबुआइन से एक गीत पढ़वाया और घाघ शिरोमणि की उपाधि से विभूषित एक बड़े बाबू ने हमारे

बड़े बाबू जी के सम्मान में कहा—"किसी फाइल को दफ्तर के राष्ट्रीय राजमार्ग से भटकाकर ठंडे बस्ते की पगडंडियों पर धकेल देने की कला हमने बड़े बाबू जी से सीखी है। उसी के कारण हमें लोग मानते हैं। वे हमारे गुरु,पथ-प्रदर्शक और अफसर रहे हैं। हम उनसे अनुरोध करते हैं कि वे 'लालफीता फाइलों की शान है' विषय पर एक ग्रन्थ लिखें, जो आने वाली पीढ़ियों का मार्गदर्शन कर सके।"

बड़े बाबू जी ने अपने उद्‌बोधन में मुक्त मन से स्वीकार किया कि अफसर वे किसी दुर्घटनावश बन गए थे और अफसरी आवरण को 35 वर्षों तक ढोया जरूर, किन्तु उनका प्रत्येक क्रियाकलाप बाबू राज को बनाए रखने के लिए समर्पित था। उनके इस कथन पर तालियों की गड़गड़ाहट के मध्य उन्हें बाबू यूनियन का आजीवन संरक्षक बना लिया गया। उसी समय एक चमत्कार हुआ छन्नूलाल पटवारी की आत्मा सभा कक्ष में प्रगट हुई और उसने ग्यारह सालों से लटकी अपनी पेन्शन की फाइल के निराकरण हेतु बड़े बाबू जी से निवेदन किया। बड़े बाबू जी ने फाइल खुलवाई, छन्नूलाल की आत्मा की आँखें चमकी।

बड़े बाबू जी ने फाइल पर परम्परागत शैली में सवा पेज की संक्षिप्त टिप्पणी लिखी, जिसमें ये मुद्दे उठाए गए : (1)श्री छन्नूलाल जी अपनी कथित मृत्यु के बाद 11 वर्ष बाद प्रगट हुए, इससे उनकी मृत्यु हुई अथवा नहीं यह सन्देहास्पद है, अत: पेन्शन स्वीकृत करने के पूर्व इस बात की जांच की जाए कि पेन्शन पाने के लालच में उन्होंने मृत्यु का नाटक तो नहीं रचाया था? (2) यदि वे वास्तव में प्रेत योनि में प्रविष्ट हो चुके हैं, तो क्या शासकीय कर्मचारी आचरण संहिता के अनुसार उन्होंने इसकी पूर्व अनुमति ली है? यदि हाँ, तो क्या प्रेतात्माओं की प्रार्थना पर नियमानुसार विचार किया जा सकता है? अब हम रिटायर हो चुके हैं, इसलिए फाइल पुन: इस संक्षिप्त टिप्पणी के साथ हमारे उत्तराधिकारी के सामने रखी जाए।

छन्नूलाल की आत्मा ने टिप्पणी पढ़ी और फाइल में ही दम तोड़ दिया।

साहित्य के कपिल देव

हम समझते थे कि हरफनमौला सिर्फ क्रिकेट में ही होते हैं, किन्तु पिछले दिनों हमारी भेंट 'साहित्य के कपिलदेव' से हुई, तो तत्काल हमने साहित्य की हर विधा में अपनी टांग अड़ाने वाले महान पुरुष का साक्षात्कार ले लिया। उस दिन वे होली के उत्सव की नेट प्रेक्टिस यानी रिहर्सल कर रहे थे, इसलिए भंग की तरंग में थे।

मैंने पूछा—"आपका शुभ नाम?"

कहने लगे—"वैसे तो मेरा नाम मनमौजीराम है, लेकिन सारा शहर मुझे साहित्य के कपिलदेव के नाम से जानता है।"

मैंने कहा—"कपिलदेव ही क्यों? सुनील गावस्कर क्यों नहीं?"

कहने लगे—"हम आलराउंडर हैं इसलिए। कपिलदेव क्षेत्र रक्षण, कप्तानी और शेविंग क्रीम से लेकर जूतों तक के विज्ञापन करने में माहिर हैं। उसी तरह हम भी साहित्य की हर विधा में अपना खूंटा गाड़ चुके हैं।'

मैंने कहा—"कविता के क्षेत्र में आपकी क्या उपलब्धियाँ हैं?"

कहने लगे—"हमने प्रारम्भ दोहा लेखन से किया था। फिर मुक्तकों का जमाना आया, तो मुक्त भाव से मुक्तक लिखते रहे। उसके बाद जैसा मौसम रहा उसी तरह नई कविता, अकविता, आह कविता, वाह कविता, प्रगतिशील कविता, प्रतिक्रियावादी कविता, रुबाई, रुलाई, क्षणिक, हाईकू सब लिखी हैं हमने। दरअसल हम लॉ आफ डिमांड और सप्लाय में विश्वास करते हैं। जिस तरह की कविता की मार्केट में डिमांड रहती है, उसी की सप्लाई करते हैं।"

मैंने कहा—"मनमौजीराम जी, अभी आप क्या लिख रहे हैं?"

कहने लगे—"आप हमें कपिलदेव जी कहकर पुकारिए या फिर घर से बाहर निकल जाइए। मनमौजीराम जी को हम कपिलदेव बनने के बाद इतिहास के स्टोररूम में रख आए हैं।"

मैंने कहा—"सॉरी कपिलदेव जी, आजकल आप... "

वाक्य पूरा होने के पूर्व ही कपिलदेव बोले—"आजकल मैं प्रकृति पर कविताएँ लिख रहा हूँ। गौरेय्या चिड़िया के पंखों की तुलना मैंने बादल से की है। कहें तो कविता सुनाऊँ?"

मैंने कहा—"देश का ऐसा वातावरण और आप डिमांड और सप्लाई में विश्वास रखते हैं, फिर भी?"

कपिलदेव कहने लगे—"आज के माहौल पर लिखना खतरे से खाली नहीं है। पिटने का डर है। बड़े -बड़े लोग पिट रहे हैं। मैं हिंसा से दूर ही रहना चाहता हूँ।"

मैंने कहा—"आप गीत तो लिखते होंगे?"

कपिलदेव—"गीत, नवगीत, नवदीप सब कुछ लिखा है, पर गीत मैं केवल फरमाश पर ही लिखता हूँ। जैसे वसन्त के लिए वसन्त गीत, होली के लिए

होली गीत, गणतंत्र दिवस विशेषांक के लिए राष्ट्रीयता से ओत-प्रोत गीत इत्यादि। फिलहाल मैं सरकारी पैसे पर गाँव-गाँव घूमकर साक्षरता गीत लिख रहा हूँ।''

''सुना है आप विशेष अवसरों पर विज्ञापन साहित्य की रचना भी करते हैं?''

कपिलदेव जी मुस्कुराए—''वह भी साहित्य की एक महत्वपूर्ण विधा है, जिसे अभी तक उचित स्थान नहीं मिला है। लेकिन दूरदर्शन के दुर्दिन नहीं आए, तो वह दिन दूर नहीं जब विज्ञापन को भी साहित्य की विधा मान लिया जाएगा। अब देखिए न, पहले मैं जमीदारों के यहाँ शादी में सेहरा पढ़ा करता था। फिर सेठों के यहाँ आशीर्वाद गीत पढ़ने लगा। आपकी दया से मेरा एक निजी फोटो स्टूडियो है। वर-वधू के लिए आशीर्वाद की कुछ पंक्तियाँ लिख दीं, तो फोटो खींचने का काम भी मिल जाता है। आम के आम और गुठलियों के दाम। इस तरह हमारे एक उद्योगपति मित्र ने नया कारखाना खोला और कुछ सिरफरे उसका विरोध करने लगे, तो हमने कारखाने के समर्थन में एक कविता लिख दी, जिसे सुन विरोधी ठंडे हो गए।''

मैंने कहा—''लेकिन कुछ दिन पहले तो आप प्रगतिशील थे और प्रगतिशील आन्दोलन के समर्थन में कविताएँ लिखते थे। अब सीधा कारखाने के समर्थन में उतर आए?''

कहने लगे—''हम जमाने के साथ कदम मिलाकर चलते हैं। प्रगतिशील आन्दोलन आजकल गर्दिश के दौर में है। आजकल उदारवाद का दौर है, इसलिए कारखाने के समर्थन में लिख रहे हैं। और सोचिए, कारखाना नहीं होगा, तो फिर प्रगतिशील लोग कविताएँ किस पर लिखेंगे? और कौन कहता है कि हमने आन्दोलन के समर्थन में कविताएँ लिखना बन्द कर दिया है? कल ही हमें स्वास्थ्य विभाग से परिवार कल्याण कार्यक्रम को जन-आंदोलन बनाने के लिए पाँच लोक गीत लिखने का ठेका मिला है।''

मैंने कहा—"आप शहरी वातावरण में पले-बढ़े हैं। कभी गाँव में रहे नहीं। फिर लोकगीत कैसे लिख लेते हैं?"

कपिलदेव जी ने फरमाया—"हमें ठेका मिले, तो हम सब कुछ कर सकते हैं। हम अफसरों और मंत्रियों के दौरों में उनकी मुस्कराती जन-उद्धारक मुख-मुद्रा को कैमरे में कैद करने के लिए गाँव में जाते हैं, तब अपना काम निपटाकर फुरसत के टाइम में गाँव के कलाकारों के पास बैठकर लोक गीत लिख लेते देते हैं और झरने के पास खड़े होकर पॉपकार्न खाते हुए उस पर कविता लिख लेते हैं। किसी झरने के फोटोग्राफ के साथ उसे अखबारों में भिजवा देते हैं। फोटो-युक्त कविता मसालेदार चाट की तरह लोकप्रिय है, इसलिए छप जाती है।"

मैंने कहा—"आप तो नाटककार के रूप में भी चर्चित हैं?"

कहने लगे—"अपने वाक्य को सुधारिए। चर्चित नहीं बहुचर्चित। हम जिसे चाहे अचर्चित बना दें, जिसे चाहे बहुचर्चित बना दें। पिछले दिनों भोपाल से अपने उच्चस्तरीय सम्पर्कों के कारण नाटक करने के लिए कुछ अनुदान मिला, तो हमने अपनी संस्था 'नाटक मंच' के तत्वावधान में अपने कवि मित्र के घर पर तीन साल से धूल खाते एक नाटक का मंचन करवाया और उसमें शहर में गर्दिश के दिन काट रहे एक अफसर साहित्यकार को प्रमुख भूमिका देकर उसे बहुचर्चित बनाया।

मैंने कहा—"व्यंग्य विधा पर भी आपकी कृपादृष्टि हुई होगी?"

कहने लगे—"बिलकुल! हम कपिलदव जो ठहरे। व्यंग्य को हमने अपने विरोधियों से बदला चुकाने का माध्यम बनाया है। जो व्यक्ति हमारी साहित्यिक ठेकेदारी छीनने का कुप्रयास करता है, उस पर हम व्यंग्य लिख कर प्रहार करते हैं।"

मैंने कहा—"लेकिन आपके नाम से तो एक भी व्यंग्य नहीं छपा।"

कपिलदेव जी कहने लगे—"साहब, हमें हरिशंकर परसाई की तरह अपनी टांग नहीं तुड़वानी है। इसलिए परदे के पीछे से ही बार करते हैं। व्यंग्य हम त्रिकालज्ञानी के छद्म नाम से लिखते हैं। यह बात आप किसी को बताइएगा नहीं।"

कपिलदेव जी से पता चला कि कहानियाँ, लघुकथाएँ और ललित निबन्ध में भी उनका दखल है। पुरातत्व, इतिहास, संस्कृति और समाजशास्त्र पर भी वे लेख लिखते हैं और इसके लिए सामग्री शासकीय अभिलेखों के सौजन्य से प्राप्त करते हैं, किन्तु प्रकाशन में सौजन्य प्रदर्शन करना भूल जाते हैं। कपिलदेव जी 'घोटुल की छाँव में' शीर्षक से आदिवासी समाज पर एक आंचलिक उपन्यास भी लिख रहे हैं, जिसमें सेक्स, रहस्य और तांत्रिक ज्ञान का सम्मिश्रण उसे सुपरहिट बनाएगा, ऐसा उनका विश्वास है। मैंने जब उनसे उपन्यास के बारे में पूछा, तो कहने लगे—"देखिए, हम इस उपन्यास को विवादास्पद बनाने का सारा का मसाला इसमें डाल चुके हैं। प्रकाशन होते ही तहलका मच जाएगा। हम अपने मित्रों से इस उपन्यास पर प्रतिबन्ध लगाने के लिए रैलियाँ और प्रदर्शन आयोजित करवाएँगे और प्रतिबन्ध लगते ही हम सलमान रश्दी और तस्लीमा नसरीन के समान अन्तर्राष्ट्रीय ख्याति प्राप्त कर लेंगे।"

मैं उनकी उड़ान देखकर चकित रह गया। मैंने पूछा—"आपकी सफलता का रहस्य क्या है?"

उन्होंने बिना हिचके बताया—"सफल जनसम्पर्क। मैं हर छोटे-बड़े अधिकारियों, मंत्रियों, साहित्यकारों और सम्पादकों को दीपावली, होली, नव वर्ष और उनके जन्म दिवस पर कलात्मक फोटोग्राफ वाले बधाई पत्र भेजता हूँ। समय-समय पर उनसे शिष्टाचार भेंट कर चिन्तन की मुद्रा में उनके फोटो उतारकर भी निःशुल्क भेंट करता हूँ।"

इस परम रहस्य को प्राप्त कर मेरे मुखमंडल की आभा पंचगुणित हो गई

और मैंने अखिरी सवाल दागा—"साहित्यकारों के लिए आपका कोई संदेश?"

कहने लगे—"लिखिए! आज हमारे देश को आलराउंडर साहित्यकारों की सख्त जरूरत है। कुछ लोग एक से अधिक विधा में इस भय से नहीं लिखते कि उनकी छवि नहीं उभर पाएगी। किन्तु जिस तरह आमदनी के एक स्रोत पर घर नहीं चलता, उसी तरह एक विधा के सहारे अखिल भारतीय स्तर तक पहुँचना कठिन होता है। अत: उन्हें हमारे जैसे साहित्य के कपिलदेव से प्रेरणा लेनी चाहिए। जिस तरह क्रिकेट में विजय के लिए अच्छी बैटिंग के साथ गेंदबाजी और क्षेत्ररक्षण में निपुण होना आवश्यक है, उसी तरह साहित्य के कुरुक्षेत्र में विजय के लिए सभी विधाओं में धुआँधार लेखन आवश्यक है। कविता, कहानी और उपन्यास बल्लेबाजी है, व्यंग्य और आलोचना गेंदबाजी है तथा विभिन्न प्रकार के आयोजन क्षेत्ररक्षण हैं। साहित्य में सर्वविधा-पारंगत ही हमारे साहित्य को हाशिए पर जाने से बचा सकते हैं।

इस बात से गद्‌गद होकर मैंने उनके चरण स्पर्श कर उन्हें अपना गुरु माना और गुनगुनाते हुए लौटा—

सुनो भाई जब्बार तुम भी बनो साहित्य में आलराउंडर,
छक्के मारो कविता में और फेंको व्यंग्य के बाउन्सर।

लूप लाइन की व्यथा-कथा

लूप लाइन रेल विभाग का शब्द है। जो गाड़ी मेन लाइन से हटाकर अन्यंत्र खड़ी की जाती है, उसके बारे में कहा जाता है कि लूप लाइन में डाल दी गई है। किन्तु सरकारी महकमों में यह शब्द आपातकाल की तरह कुख्यात है। अच्छे-अच्छे तीसमारखां लूप लाइन इसके नाम से ही कांपने लगते हैं। लूप लाइन को कुछ अफसर जीते जी नर्क में निवास की संज्ञा देते हैं, तो कुछ इसे कठोर परिश्रम से कमाई गई सम्पत्ति के सदुपयोग का बेहतरीन समय मानते हैं। किन्तु अपने सेवाकाल का काफी लम्बा भाग 'लूप लाइन' में बिताने वाले एक लूप लाइन विशेषज्ञ के शब्दों में 'लूप लाइन' वह समयकाल है, जब अफसर अफसरी चमक-दमक से विहीन शुद्ध, सात्विक और सादगीमय जीवन व्यतीत करता है तथा मोहमाया रूपी दो नम्बर की कमाई उसके इर्द-गिर्द नहीं फटकती।

लूप लाइन वैसे तो पूर्णत: संसदीय शब्द है, और अफसरों और आम जनता के बीच आपसी बातचीत में अत्यन्त लोकप्रिय भी। किन्तु आश्चर्य की बात यह

है कि सरकार से पत्र-व्यवहार, आधिकारिक आदेशों और सर्कुलरों में इस शब्द को अभी तक उचित स्थान नहीं मिला है। अखबारों, पत्र-पत्रिकाओं और साहित्यकारों ने भी भारतीय नौकरशाही के हृदय की पीड़ा अभिव्यक्त करने वाले इस महान शब्द की अभी तक उपेक्षा की है। लूप लाइन को बोलचाल की संकरी गली से बाहर निकालकर 'साहित्य' की मुख्य धारा में स्थापित करने के महान उद्देश्य को लेकर ही हम यह ललित निबन्ध लिख रहे हैं।

हमारा सुझाव तो यह है कि किसी ज़िले के कलेक्टर की वल्लभ भवन में पदस्थापना होने पर अखबारों की हेडलाइन इस तरह देनी चाहिए—'अमुक ज़िले के कलेक्टर लूप लाइन में डाले गए।' इससे खबर यथार्थ से ज़्यादा नजदीक होगी, पाठकों का मनोरंजन भी होगा तथा लूप लाइन शब्द जन-जन की जबान पर चढ़कर हिन्दी भाषा को समृद्‌ध करेगा। किसी ज़िले के एस. पी. को किसी शस्त्रवाहिनी का कमांडेंट बनाए जाने के शासकीय आदेश में स्पष्ट रूप से लिखा जाना चाहिए कि 'आपको ज़िला पुलिस अधीक्षक की मुख्य लाइन से हटाकर एस. ए. एफ. की लूप लाइन में भेजा जा रहा है। कृपया कुछ महीने थकान उतारें।" इससे अफसर की गरिमा भी बनी रहेगी और लूप लाइन में जाने का दुख भी कम होगा।

लूप लाइन का परिवार कल्याण में प्रयोग में लाए जाने वाले 'लूप' से भी गहरा सम्बन्ध है। जिस तरह लूपधारी महिला राष्ट्र की जनसंख्या-वृद्धि में अपना योगदान नहीं दे पाती उसी तरह लूप लाइन में पड़ा हुआ अफसर अपने परिवार की भौतिक सम्पत्ति की वृद्‌धि में योगदान करने में असमर्थ रहता है।

लूप लाइन का आविष्कार किसने किया, यह जानकारी तो मैं आपको नहीं दूँगा, क्योंकि यदि उसका नाम बाहर आ गया, तो लूप लाइन में पड़े अफसर उसकी जयंती को काले दिवस के रूप में मनाने का आह्वान कर सकते हैं। किंतु इतना निश्चित है कि लूप लाइन संसार में हर स्थान और हर युग में विद्यमान रही है, और रहेगी। भारत में तो प्राचीन काल में भी इसके अनेक

उदाहरण मिलते हैं। जैसे भगवान श्रीराम को चौदह वर्ष वनवास में भेजना, उन्हें लूप लाइन में डालने का प्रयास ही था। अब जब भगवान श्रीराम भी लूप लाइन से नहीं बच पाए, तो मनुष्य देहधारी अफसर किस खेत की मूली हैं! यह वाक्य विशेष रूप से लूप लाइन में पड़े हुए अफसरों का मनोबल बढ़ाने के लिए लिखा जा रहा है। जो अफसर यह समझते हों कि 'लूप लाइन' की खाई शासकीय सेवा के खेत में ही खुदी हुई है, उनसे हम अर्ज करना चाहते हैं कि लूप लाइन शैतान की तरह हर पेशे में मौजूद है। किसी मंत्री को मंत्रिमंडल से संगठन की सेवा में भेजा जाए, तो वह लूप लाइन में डाला जाता है। बरसात के मौसम में व्यापारी लूप लाइन में चल जाता है, राष्ट्रपति शासन में विधायक और आपातकाल में पत्रकार लूप लाइन मे पड़ जाते हैं। साहित्य-प्रेमी उप सम्पादक को अखबर में लोकवाणी वाले पन्ने का इंचार्ज बना दिया जाए, तो वह स्वयं को लूप लाइन में समझने लगता है।

जैसे ऊपर वाला एक है, किन्तु उसके रूप अनेक हैं, उसी तरह लूप लाइन एक है, किन्तु उसके रूप विभाग के अनुसार बदलते रहते हैं। ज़िले में अपने बंगले पर एक साथ ग्यारह चपरासी रखने वाला अफसर भोपाल में न्यू मार्केट में अपनी धर्मपत्नी के पीछे-पीछे सब्ज़ी का झोला हाथ में लिए घूमता नजर आता है, तब लूप लाइन की असली भयावहता सामने आती है। वल्लभ भवन में बैठे हुए आला अफसर से नाराज होने पर उन्हें राजस्व मंडल में भेजने का रिवाज है, और सिविल सर्जन की गरमी कम करने के लिए उसे मलेरिया विभाग में भेज दिया जाता है, जहाँ मच्छरों से लड़ते-लड़ते वह शहीद होने की कगार पर पहुँच जाता है।

किसी थानेदार को हरिजन कल्याण में डाल दिया जाए, तो वह हो जाता है गमगीन! और सालों तक नहीं करता है ज्वाइन!! वैसे पुलिस विभाग में लाइन अटैच होना भी लूप लाइन में जाना माना जाता है। कुर्सी रूपी गुड़ के आसपास मँडराने वाली मक्खियों का अभाव उसे सचमुच की मक्खियाँ मारने पर मजुबूर

कर देता है और चपरासी के सलाम में नम्रता का अभाव उसके हृदय में कांटा बनकर खटकने लगता है।

लोक निर्माण, सिंचाई और लोक स्वास्थ्य यांत्रिकी विभाग के एस. डी. ओ. साहबान जब आफिस अटैच किए जाते हैं, तब वे भोपाल पहुँचकर थैलियों के मुँह खोलकर एस. डी. ओ. के रूप में विराजमान अपने किसी साथी को 'खो' करने का प्रयास करते हैं और उसमें असफता मिलने पर शहर की किसी कॉलोनी में मकान निर्माण में व्यस्त हो जाते हैं। पहले सरकारी मकान बनाते थे अब खुद का। आखिर काम तो वही है और लूप लाइन में पड़े अफसरों पर लोकायुक्त वाले भी 'कुदृष्टि' नहीं डालते।

वन विभाग की लूप लाइन अधिकारियों को या तो अभयारण्यों में पहुँचा देती है या फिर वन विद्यालयों में। तहसील का एकछत्र स्वामी तहसीलदार ग्रामीण आवास योजना में पहुँचकर गरीबी की जीवन रेखा से नीचे चला जाता है और राजस्व निरीक्षक बन्दोबस्त में पहुँचकर 'नून तेल और लकड़ी' के लिए तरस जाता है, जबकि आफिस अटैच होने पर पटवारी खेत खलिहान की स्वच्छ वायु से वंचित होने पर अस्थाई रूप से दमा रोग से पीड़ित हो जाता है।

जैसे धूप, छाँव, पतझड़, वसन्त और जीवन-मृत्यु का चक्र चलता ही रहता है, वैसे ही शासकीय सेवा में 'महत्वपूर्ण पदस्थापना' और 'लूप लाइन' दोनों का आना-जाना लगा ही रहता है। अत: प्रत्येक शासकीय सेवक को गीता से प्रेरणा ग्रहण करते हुए लूप लाइन को भी समान भाव से ग्रहण करना चाहिए। किन्तु होता यह है कि लूप लाइन में जाते वक्त अधिकांश अफसर दुख के सागर में डूब जाते हैं और उससे बाहर निकलने के लिए तरह-तरह के हथकंडों का इस्तेमाल करते हैं। कुछ अफसर जिनके रक्त में साहित्य के कीटाणु कुलबुलाते रहते हैं, वे स्थायी रूप से लूप लाइन को बहुत पसन्द करते हैं। लूप लाइन में आफिस में बैठकर साहित्यिक पत्रिकाएँ पढ़ने से लेकर कविताएँ और व्यंग्य लिखने तक का काम आसानी से किया जा सकता है। लूप लाइन में पड़ा

साहित्यकार कवि गोष्ठियाँ आयोजित करवाता है और साहित्य स्म्मेलनों में बेबाकी से अपने विचार प्रगट करता है तथा फाइलों पर कवितामय भाषा लिखता है।

लूप लाइन के अन्य अनेक लाभ हैं, जिनकी ओर साधारणतः निगाह नहीं जाती। आप मैटनी शो में ऑफिस के पास वाली टाकीज में फिल्म देखकर आ जाइए, किसी को पता भी नहीं लगेगा। कश्मीर से कन्याकुमारी तक भारत दर्शन लूप लाइन में रहते हुए ही सम्पन्न हो सकता है। कुछ लोग इस अवसर का उपयोग अपनी कन्याओं के लिए वर खोजने में करते हैं, किन्तु विवाह लूप लाइन की गर्दिश में से बाहर निकलने के बाद ही करते हैं। महत्वपूर्ण पद पर बैठा हुआ जो अफसर कुत्ते से भी डरता है, वही अफसर लूप लाइन में पड़ने पर शेर हो जाता है और आला अफसर से लेकर नेता तक को 'धता' बता देता है।

लूप लाइन में पड़ने के कई कारण होते हैं। स्पष्टवादी होना, खुशामद को घटिया हरकत मानने का कुविचार रखना, दबंग होना या प्रचारप्रिय होना आदि कारण अकसर अफसर को लूप लाइन में धकेलते हैं। रीढ़ की हड्डी होना लूप लाइन में स्थायी रूप से पड़े रहने का लक्षण है। आजकल 'भोपाल' या दिल्ली में हर पार्टी में कम से कम एक गॉड फादर का न होना भी लूप लाइन में गिरने की सम्भाबनओं को बढ़ाता है। किंतु किसी के ज़्यादा 'मुंहलगे' होने का लेबल लगने पर उसकी कुर्सी खिसकते ही लूप लाइन में पटकन निश्चित मानी जाती है। कुछ अफसर अपनी सन्तुलित राजनैतिक ड्राइविंग के कारण हमेशा राजपथ पर रहते हैं, और लूप लाइन की अन्धी गलियों में नहीं भटकते। अफसरों के बीच ऐसे कलाकारों का उचित सम्मान किया जाना चाहिए।

कुछ विभाग इतने रूखे-सूखे होते हैं कि उसमें लूप लाइन होती ही नहीं। जैसे, शिक्षा विभाग पूरा का पूरा लूप लाइन में पड़ा हुआ विभाग हैष लेकिन यहाँ भी विकास खंड मुख्यालय पर पदस्थापना महत्वपूर्ण तथा अन्दरूनी गाँवों

की शाला में पटका जाना लूप लाइन मानी जाती है।

भारतीय नौकरशाही की मर्यादा और शिष्टाचार को बनाए रखने में लूप लाइन की महत्वपूर्ण और विशिष्ट भूमिका है। यदि लूप लाइन नहीं होती, तो आला अफसरों के पास सौजन्य भेंटों के लिए कौन जाता? आला अफसर दीपावली और नए साल पर 'ग्रीटिंग कार्ड' देखने के लिए भी तरस जाते।

इस प्रकार लूप लाइन भारतीय नौकरशाही का एक महत्वपूर्ण आयाम है। इसे एम. ए. (लोक प्रशासन) के पाठ्यक्रम में शामिल किया जाना चाहिए और 'लूप लाइन से कैसे बचा जाए' विषय पर विशेषज्ञों से पुस्तकें लिखवाकर प्रत्येक शासकीय अधिकारी को आधी कीमत पर प्रदान की जानी चाहिए। शासन को चाहिए कि वह प्रत्येक विभाग की लूप लाइन का विस्तृत सर्वेक्षण कर 'लूप लाइन' पदों की सूची राजपत्र में प्रकाशित करे और आदिवासी क्षेत्र भत्ता की तरह लूप लाइन में पदस्थ किए जाने वाले अफसरों को 'लूप लाइन' भत्ता प्रदान करने तथा उन्हें पर्यटन हेतु विशेष अवकाश स्वीकृत करे।

हमारे एक मंचीय कवि मित्र लूप लाइन पर महाकाव्य लिख रहे हैं, जिसका प्रारम्भ इस तरह होता है—

अफसरों पर तेरा कैसा जोरोसितम है, लूप लाइन!
दिन-भर में करता है बेचारा सिर्फ दो फाइलों पे साइन!!

गिनीज बुक में नाम लिखाने के नायाब नुस्खे

इधर कुछ दिनों से हमारे देश में दो चीजों का नशा हर हिन्दुस्तानी के सर पर सवार है। एक तो शेयर खरीदने का और दूसरा गिनीज बुक ऑफ वर्ल्ड रिकार्ड में नाम लिखाने का। हर्षद मेहता के साहसिक कारनामे के प्रकाश में आने के बाद जिस तरह शेयर बाजार ने सीधे सातवीं मंजिल से जमीन पर छलांग लगाई है, तब से शेयर बाजार का बुखार उतार पर है। लेकिन गिनीज बुक में नाम लिखाने का जुनून दिन-ब-दिन बढ़ता जा रहा है। हमारे जमाने के लोग इतिहास में नाम लिखाने की फिराक में रहते थे। यह शार्टकट संस्कृति का युग है। जिन्दगी भर त्याग-तपस्या करें, तो बड़ी मुश्किल से मरने के बाद नाम जुड़ता है। जिसका नाम जुड़ता है, वह बाकायदा बाल्कनी में जा चुका होता है। इसलिए हर आदमी इधर बोया उधर काटा के अन्दाज में कोई ऊल-जलूल कारनामा करने की फिराक में है, ताकि दूसरे ही दिन अखबारों में फोटो सहित चर्चा और गिनीज बुक के अगले संस्करण में नाम जुड़ जाए, तो विश्वव्यापी

ख्याति मिल जाए।

मैंने एक दिन देखा कि मेरा चौदह वर्षीय पुत्र अपने अभिन्न मित्र बल्लू के साथ गम्भीर मंत्रणा में व्यस्त है। दोनों गिनीज बुक ऑफ वर्ल्ड रिकार्ड में नाम लखाने के तरीकों पर चर्चा कर रहे थे। बल्लू कह रहा था—''यार पप्पू, अपना भी नाम गिनीज बुक ऑफ वर्ल्ड रिकार्ड में आ जाए, तो मजा आ जाए। यार, तू कोई तरीका बता।''

पप्पू गम्भीरता से बोला—''मैं भी कई दिनों से सोच रहा हूँ। अपने शहर के टी. वी. टावर से छलांग मारने से गिनीज बुक में नाम जरूर आ जाएगा।''

मैं डरा। लेकिन बात तो पप्पू की सच थी। रोज अखबार में कोई-न कोई नया वर्ल्ड रिकार्ड आता रहता है। किसी दिन पता चलता है कि पाँच साल के बालक ने घोड़े पर खड़े होकर मुख्य अतिथि को सलामी दी और अपना नाम गिनीज बुक में लिखवाया। कहीं छपता है कि तीस दिन में छब्बीस हजार कि. मी. का सफर तय कर एक दम्पती ने गिनीज बुक वालों को आकर्षित किया। गरज यह है कि तरह-तरह के उल्टे-सीधे, कानूनी-गैरकानूनी, हास्यास्पद और जान को जोखिम में डालने वाले करनामे गिनीज बुक में नाम लिखाने की सनक में आए दिन प्रकाश में आते रहते हैं। मुझे तो डर है कि गिनीज बुक में रिकार्ड इसी गति से जुड़ते रहे तो एक दिन खबर आएगी कि तीन आदमियों ने मिलकर गिनीज बुक को उठाकर नया विश्व रिकार्ड कायम किया है।

बहरहाल जब से मैंने पप्पू और उसके मित्र की बात सुनी, तब से मैं गम्भीर चिन्ता में पड़ गया और सोचने लगा कि इससे पहले कि ये दोनों गिनीज बुक में नाम लिखाने के चक्कर में कोई टांगतोड़ू कारनामा अन्जाम दें, मुझे कुछ करना चाहिए। मैं सोचने लगा। मेरे उर्वर मस्तिष्क में गिनीज बुक में नाम लिखाने के अनेक सस्ते और सुन्दर नायाब नुस्खे आए। सबसे पहले मैंने दो नुस्खे अपने बेटे पप्पू और उसके दोस्त बल्लू को थमाए और एक अदद नुस्खा

अपनी प्रिय पत्नी को थमाया। लेकिन वो नुस्खे मैं आपको बताने वाला नहीं हूँ, क्योंकि गिनीज बुक में उनका नाम आने से पूर्व ही अगर मैंने यह राज आपके सामने खोल दिया और आपने कहीं उन्हीं में से किसी नुस्खे को आजमाकर गिनीज बुक में अपना नाम लिखवा लिया, तो मेरे सिर पर केश नामक वस्तु उसी तरह ढूँढ़े नहीं मिलेगी, जैसे आजकल ईमानदारी कहीं दिखाई नहीं देती। आप यह भी पूछेंगे कि आपने एकाध नुस्खा खुद क्यों नहीं आजमाया? तो जनाब गिनीज बुक में नाम लिखाने के इतने नायाब नुस्खों के आविष्कार के बाद मेरा नाम तो यूँ ही गिनीज बुक में आ जाएगा। इसलिए बाकी बचे नायाब नुस्खे आपकी सेवा में हाजिर हैं। इन्हें पढ़िए, प्रयोग में लाइए और अपना नाम तुरन्त गिनीज बुक में लिखवाइए।

मेरा पहला नायाब नुस्खा विवाहित महिलाओं के लिए है। महिला प्रथम के सिद्धान्त में मेरा पूर्ण विश्वास है और विवाहित महिलाओं के प्रति मेरी पूर्ण सहानुभूति है, क्योंकि मेरे घर में भी विवाहित महिला है, जिसकी सहानुभूति के कारण ही मेरे ये विचार आप तक पहुँच रहे हैं। यह बात तो स्पष्ट है कि हमारे देश की अस्सी प्रतिशत महिलाएँ अपने पति से पीड़ित होने का दावा करती हैं, इसलिए इस नुस्खे के व्यापक लोकप्रियता प्राप्त करने की पूर्ण सम्भावना है। अब आपको ज़्यादा इन्तजार न करवाते हुए मैं नुस्खा नं. एक का बखान प्रारम्भ करता हूँ। विवाहित महिलाएँ अपने पति के सिर पर वैसे भी कुछ-न-कुछ फोड़ती रहती हैं। अब वे प्रतिदिन पति से सर पर अंडे फोडने का अभ्यास प्रारम्भ करें, तो एक दिन निश्चित रूप से उनका नाम गिनीज बुक में आ जाएगा। अखबार में खबर कुछ इस प्रकार से छपेगी—श्रीमती अमुक ने अपने पति के सिर पर लगातार 9,999 अंडे फोडकर नया विश्व रिकर्ड कायम किया है। कुछ ही दिनों बाद अखबारों में दूसरी खबर इस तरह आएगी—श्रीमती अमुक देवी का अपने पति के सर पर लगातार 9,999 अंडे फोड़ने का रिकार्ड श्रीमती तमुक देवी ने 11,111 अंडे फोड़कर तोड दिया। इस तरह सिलसिला चल पड़ेगा और जिसका पति ज़्यादा सहनशील सिद्ध होगा, उनका

नाम गिनीज बुक में स्थायी रूप से रहेगा। देखिए कितना शानदार नुस्खा है। अंडे फोड़ने से पति का बाल भी बाँका न होगा और उनकी सहनशक्ति की परीक्षा भी हो जाएगी। हाँ, गंजे पतियों वाली महिलाएँ थोड़ा संयम से काम लें।

इस रिकार्ड को कायम करने में महिलाएँ को अद्‌भुत सुख प्राप्त होगा। वैसा ही, जैसा हिन्दी फिल्मों के हीरो को खलनायक से बाप की मौत का बदला लेने पर प्राप्त होता है। अब आप पूछेंगे कि इतने सारे अंडे आएंगे कहाँ से और उसका खर्च कौन उठाएगा? तो फ्रिक करने की कोई आवश्यता नहीं। टी. वी. पर संडे हो या मंडे रोज खाओ अंडे का विज्ञापन करने वाले लोगों को एक चिट्ठी लिख दीजिए और अपनी योजना की जानकारी दे दीजिए। वे अंडों का पूरा ट्रक भरकर आपके घर आ जाएँगे और आपके द्‌वारा पति के सर पर अंडा फोडने के दृश्य का टी. वी. पर प्रचार भी कर देंगे। जहाँ तक आपके पति का राजी होने का प्रश्न है, वे तो अखबार में फोटो छपने के लालच में ही राजी हो ही जाएँगे। ज़्यादा सख्त जान हों तो, आप सिर पर अंडे की बजाय बेलन तोड़ने की धमकी देकर उन्हें राजी कर सकती हैं।

मेरा दूसरा नायाब नुस्खा पतियों के लिए है। प्रत्येक पति को अपने सास-ससुर को कोसने में संपूर्ण सुख प्राप्त होता है। इसी तथ्य को ध्यान में रखकर यह नुस्खा तैयार किया गया है। नुस्खा यह है कि अपने सास-सुसर की तस्वीर सामने रखकर उन्हें कोसने का अभ्यास प्रारम्भ कीजिए। अभ्यास करते-करते एक दिन वह आएगा, जब आपका नाम अखबारों के प्रथम पृष्ठ पर होगा कि अमुक साहब ने अपने सास-ससुर को लगातार 17 दिन 11 घंटे कोसकार विश्व रिकार्ड कायम किया। जाहिर है, आपके इस रिकार्ड को वे ही सज्जन तोड़ पाएँगे, जो आपसे ज़्यादा अपने सास-सुसर से पीड़ित हों। क्या आपको लगता है कि ऐसा कोई महापुरुष इस वसुन्धरा पर विराजमान है? नहीं न? तो बस शुरू हो जाइए। लेकिन सावधान इस रिकार्ड का प्रदर्शन उसी समय करें, जब

श्रीमती जी लम्बी छुट्टी लेकर मायके गई हों वरना...

मेरा तीसरा नायाब नुस्खा शिक्षक मित्रों के लिए है। अकसर खबरें आती रहती हैं कि अमुक गाँव में शाला भवन दो साल से बन्द है। कई बार खबर छपती है कि गाँव में रिकार्ड में स्कूल चल रहा है और स्कूल भवन में सरपंच की गौशाला बनी हुई है, आदि। गिनीज बुक वाले ऐसी खबरों को घास भी नहीं डालते। ये तो बहुत कॉमन बात हो गई हैं अब। गिनीज बुक में नाम लिखाना है, तो आइडिया यह है कि किसी स्कूल में नौकरी लगते ही पहले दिन ज्वाइनिंग रिपोर्ट देकर गायब हो जाइए। फिर 30-35 साल बाद गाँव में वापय जाकर सेवानिवृति के फूल हार स्वीकार कर वापस आइए और अपने इस साहसिक कृत्य का पूर्ण विवरण फोटो सहित अखबारों को दे दीजिए। निश्चित रूप से गिनीज बुक वाले भागे-भागे आपके पास चले आएँगे। इसके लिए आपको करना केवल इतना होगा कि हिन्दुस्तान के किसी भी आदिवासी ज़िले में विकास खंड मुख्यालय से 50 कि. मी. दूर बसे गाँव में एक शिक्षक वाली शाला में अपनी पद स्थापना करा लीजिए, जो कोई कठिन बात नहीं है, क्योंकि कोई वहाँ जाना नहीं चाहता। ऐसा गाँव ढूँढ़ना भी कोई कठिन नहीं, जहाँ आजादी के बाद न तो शाला निरीक्षण करने कोई अधिकारी पहुँचा और न गाँव वालों ने शिक्षक की गुमशुदगी की कोई रिपोर्ट ही लिखाई। इस रिकार्ड को कायम रखने में समय जरूर लगेगा, लेकिन इतना निश्चित है कि एक बार कायम हो गया तो फिर टूटेगा नहीं।

मेरा चौथा नुस्खा अफसरों के लिए है और इसके आविष्कार की प्रेरणा भी मुझे एक अफसर मित्र से मिली है। एक बार मुर्गा खाने की चर्चा चल रही थी कि उन्होंने अपनी डायरी निकाली और कहा—'आज तक मैं 555 मुर्गे खा चुका हूँ।"

मैं आश्चर्य में पड़ गया। मैंने कहा—"यार, मुर्गे तो हमने भी खाए हैं, लेकिन संख्या याद नहीं।"

कहने लगे—"जब भी मैं मुर्गा खाता हूँ, डायरी में एन्ट्री कर लेता हूँ। इसीलिए मुझे याद है। दरअसल जब से सर्विस ज्वाइन की है, तब से दौरे पर मैंने आज तक सब्ज़ी खाई ही नहीं।"

कुछ दिनों बाद वे दौरे पर मुर्गा खाते और रिश्वत लेते रंगे हाथों पकड़े गए और अब जेल में जली रोटियाँ ओर दाल खा रहे हैं। लेकिन उन्होंने जो ज्ञान प्रदान किया उसका लाभ राजस्व, वन अथवा आदिवासी विभाग के अफसर मित्र उठाकर अपना नाम गिनीज बुक में लिखवा सकते हैं। तो शुरू कर दीजिए आज से ही आदिवासी गाँवों के दौरे और लग जाइए ग्राम विकास में। हर दौरे पर एक दर्जन मुर्गे साफ करने का लक्ष्य रखें, तो निश्चित रूप से ही कुछ वर्षों में आपका नाम गिनीज बुक में मृगाक्षरों में अंकित होगा। हाँ, ध्यान केवल मुर्गा खाने पर ही लगाइएगा। मुर्गे के साथ माया या सुन्दर काया का विचार किया, तो मुसीबत में फंस जाएँगे। मुर्गा खाने में कोई आपत्ति नहीं, क्योंकि अफसरों की किसी भी आचरण संहिता में दौरे पर मुर्गा खाने का निषेध नहीं है।

अब जो नुस्खा मैं बताने जा रहा हूँ, वह कवि मित्रों के लिए है। अकसर लोग कवियों पर आरोप लगाते रहते हैं कि वे एक चाय पिलाकर दर्जन क विताओं से लोगों को बोर करते हँ या जिस मोहल्ले में कवि-सम्मेलन हुआ, वहाँ रात भर में 20 आदमियों ने अपने माथे के बाल नोच लिए। ऐसी छोटी-मोटी दुर्घटनाएँ तो होती ही रहती हैं और गिनीज बुक वाले तो छोड़िए पुलिस वाले भी इसका नोटिस नहीं लेते। लेकिन यदि कवि मित्रों को गिनीज बुक वालों को आकर्षित करना है तो सर्वप्रथम 300-400 नई छन्दमुक्त कविताएँ लिखें और उसके बाद यह अफवाह फैला दें कि आपने 11,000 छन्दमुक्त कविताएँ लिखी हैं। शहर-भर में यह सार्वजनिक घोषणा करवा दें कि लाउडस्पीकर कर लगाकर लगातार 11 दिनों तक इन 11,000 कविताओं का सस्वर अखंड पाठ करेंगे, ताकि आपाका नाम गिनीज बुक में लिखा जाए। आप लिखकर ले लीजिए कि यदि आप अखंड कविता पाठ प्रारम्भ करने में सफल हो गए,

तो 100–200 कविताओं तक पहुँचते पहुँचते मोहल्ले वाले इतने द्रवित हो जाएँगे कि चन्दा करके गिनीज बुक वालों को कहीं से भी पकड़ कर ले आएँगे और गिनीज बुक वाले पूर्ण प्रदर्शन देखे बिना गिनीज बुक में आपका नाम जोड़ने को राजी न हुए तो मोहल्ले वाले हाथ-पैर जोड़कर और उससे भी काम न चला तो कुछ दे दिलाकर गिनीज बुक वालों को आपका नाम उस महान किताब में प्रथम पृष्ठ पर अंकित करने के लिए राजी कर लेंगे। इस प्रयोग में सावधानी केवल इतनी बरतें कि कविता का अखंड पाठ प्रारम्भ करने के पूर्व बाजार से सड़े-गले अंडे और टमाटर थोक में खरीदकर शहर से 10 कि. मी. दूर फिकवा दें।

गिनीज बुक में नाम लिखाने के मेरे पास और भी अनेक मौलिक नुस्खे हैं, जिनका प्रयोग कर हम गिनीज बुक में हिन्दुस्तानियों का बहुमत स्थापित कर सकते हैं। लेकिन मैं सोचता हूँ कि टी. वी. धारावाहिकों की बोरियत को देखते हुए इस रोचक विषय पर 13 एपीसोड का एक धारावाहिक क्यों न बना डालूँ। बस एक प्रायोजक ढूँढ़ रहा हूँ। उसके मिलते ही नायाब नुस्खों की अगली किस्त टी. वी. पर देखिएगा।

वैवाहिक विज्ञापनों का समाजशास्त्रीय विश्लेषण

कुछ लोग विवाह करने के बाद अख़बारों में अपने खर्च से फोटो छपवाकर उसका विज्ञापन करते हैं और कुछ ऐसे होते हैं, जिन्हें विवाह करने के लिए विज्ञापन देना पड़ता है। वैवाहिक विज्ञापन किसी भी अख़बार या पत्रिका का सबसे लोकप्रिय कालम होता है। इसे विवाह-इच्छुक लड़के-लड़कियाँ, प्रौढ़-प्रौढ़ाएँ, विधुर, तलाकशुदा तथा इन सबके अभिभावकगण तो पढ़ते ही हैं, शादीशुदा लोग भी अपनी पत्नी की नज़र बचाकर वैवाहिक विज्ञापन पढ़ते हुए अपनी चुकी हुई सम्भावनाओं को टटोलते हैं। मैं भी बिना नागा वैवाहिक विज्ञापनों को साहित्य की नई विधा की तरह पढ़ता हूँ, पर अपनी सुरक्षा की खातिर यह स्पष्ट कर देना चाहता हूँ कि मेरे इरादे पूर्णत: नेक हैं। दरअसल मैं वैवाहिक विज्ञापनों का समाजशास्त्रीय विश्लेषण कर अपने नाम के आगे डॉक्टर शब्द जुड़वाने की फिराक में हूँ। अपनी लम्बी रिसर्च का संक्षिप्त सार मैं आपके और वैवाहिक विज्ञापनों के पाठक-पाठिकाओं के ज्ञान-वर्धन हेतु

प्रस्तुत कर रहा हूँ।

इस रिसर्च का सबसे महत्वपूर्ण निष्कर्ष यही है कि भारत में जाति प्रथा अजर-अमर है और विवाह के मामले में जाति ही सबसे महत्वपूर्ण कारक है। हमारे द्वारा अध्ययन किए गए 11,000 वैवाहिक विज्ञापनों में से 95 प्रतिशत विज्ञापन अपनी जाति की घोषणा विज्ञापन के प्रारम्भ में ही करके सजातीय सम्बन्ध स्थापित करने की इच्छा व्यक्त की गई है। जाति-प्रथा के विरुद्ध सम्पादकीय में युद्ध छेड़ने का आह्वान करने वाले अख़बार और पत्रिकाओं के वैवाहिक विज्ञापनों में भी जाति पूर्ण रूप से हावी रहती है। जिन पाँच प्रतिशत विज्ञापनों में जाति-बन्धन को ठुकराया गया है, उनमें विज्ञापनदाताओं की जवानी की गाड़ी प्लेटफार्म छोड़कर निकल चुकी है या पत्नी बालकनी का टिकट कटा चुकी है या उनके सत्कर्मों की ख्याति अपने सजातीय बन्धुओं के मध्य शेयर घोटाला कांड की तरह फैल चुकी है।

दूसरा निष्कर्ष यह है कि मनमोहन सिंह ने भले ही निजीकरण की नीति को बढ़ावा देते हुए सरकारी प्रतिष्ठानों के पर काटने प्रारम्भ किए हों, किंतु विवाह के मार्केट में राजपत्रित अधिकारियों के दामों में अभी मंदी नहीं आई है और उनकी माँग बदस्तूर बनी हुई है। स्वदेशी समर्थकों को यह जानकर निराशा होगी कि स्वदेश में एक से एक उच्चस्तरीय दूल्हों के उत्पादन के बाबजूद विदेशियों के प्रति हमारा मोह कम नहीं हुआ है और और ग्रीन कार्ड धारियों का आकर्षण वैवाहिक विज्ञापनों में बना हुआ है। हिन्दी प्रेमी भले ही माथे के बाल नोंचें, लेकिन कान्वेंट शिक्षित कन्या दूल्हों के बीच 'कस्टम गुड्स' जैसी लोकप्रियता रखती है।

सबसे अजीब वैवाहिक विज्ञापन वह देखने में आया, जिसमें लिखा हुआ था कि लेखक, साहित्यकार, पत्रकार, शायर आदि पत्र-व्यवहार कर अपना समय नष्ट न करें। अब बताइए कि समाज को दिशा देने वाले इन लोगों के लिए ऐसे शब्दों का प्रयोग हमें कहाँ ले जाएगा? लेकिन इससे एक बात स्पष्ट

है कि वैवाहिक विज्ञापन देने वाले यथार्थवादी हैं और अपनी सुकन्यों को कष्ट में नहीं डालने चाहते।

जो चीज़ ऊपर से जैसी दिखाई देती है, अन्दर से वैसी नहीं होती। जब नेता जी कहते हैं कि देश संकट में है, तो तब बच्चा-ब्रच्चा समझ जाता है कि नेता जी की कुर्सी ख़तरे में है। इसी तरह वैवाहिक विज्ञापनों की शब्दावली में भी अनेक गोपनीय राज़ छुपे हुए होते हैं, जिनका खुलासा मैं करने जा रहा हूँ। विज्ञापन में कन्या पक्ष की ओर से लिखे गए 'उत्तम विवाह' शब्द का अर्थ कई भावी नासमझ दूल्हे समझ नहीं पाते। उत्तम विवाह का अर्थ है कि दहेज भरपूर मिलेगा। यदि सरकार ने दहेज लेने-देने पर कानूनी प्रतिबन्ध नहीं लगाया होता, तो उत्तम विवाह के स्थान पर विज्ञानदाता छपवाते—"विवाह में बंगला, मोटर, फ्रिज और टी. वी. की गारंटी दी जाती है।"

जो लोग लिखते हैं विज्ञापन उत्तम चयन के लिए, तो उसका आशय होता है वे 'वाइड रेंज ऑफ़ च्वाइस' चाहते हैं। जो वर स्वयं को एकदम अकेला लिखता है, वह कन्याओं के माँ-बाप को लालच दे रहा होता है कि उनकी लड़की ससुराल में अकेली राज करेगी और सास-ससुर का कोई लफडा नहीं है। विधवा अथवा तलाकशुदा स्वीकार्य का अर्थ यही होता है कि सज्जन कुँवारियों की खोज करते-करते निराश हो चुके हैं और जिस तरह लोग विदेशी परफ्यूम न मिलने पर भारतीय इत्र को गले लगा लेते हैं, उसी तरह हर जगह से ठुकराए गए ये सज्जन विधवा अथवा तलाकशुदा से भी काम चला लेंगे। वैसे इस प्रकार विधवा प्रेमियों में से कुछ लोग तो पैदायशी रूप से 'सेकंड हैंड' चीज़ों के शौकीन पाए जाते हैं।

विवाह के मामले में अपने पक्ष को बढ़ा-चढ़ाकर बताने की प्रथा हमारे यहाँ प्राचीन काल से ही चली आ रही है और विज्ञापन तो वैसे ही अतिशयोक्ति अलंकार के लिए बदनाम हैं। अत: जब विवाह और विज्ञापन जैसी दो संस्थाएं एक स्थान पर जुड़ जाएँ, तो गोएवल्स भी पानी भरता नज़र आता है। वैवाहिक

विज्ञापनों को हम 'एक तो करेला दूजा नीम चढ़ा' की संज्ञा दे सकते हैं। नीम चढ़े इस करेले के कड़वेपन के कई भुक्तभोगियों से गोपनीय साक्षात्कार के बाद मैं इस निष्कर्ष पर पहुँचा हूँ कि वैवाहिक विज्ञापन में जहाँ कन्या को साँवली दर्शाया गया हो, वहाँ प्रत्यक्ष भेंट में अमावस के अंधेरे से साक्षात्कार होता है। जहाँ गेहुँआ रंग दर्शाया गया हो, वहाँ कृष्ण कन्हैया का रंग दिखाई पड़ता है। और जहाँ तीखे नाक-नक्श का वर्णन हो, वहाँ कहीं पे निगाहें कहीं पे निशाना मिलने की पूरी सम्भावना है।

वैवाहिक विज्ञापनों में अपनी आय को पाँच अंकों में बताने वाले महाशय एक प्राथमिक शाला में 'मास्साब' थे और महीने में कुल जमा रु. 900/- प्राप्त करते थे। उनसे पूछा गया आपने आय को पाँच अंकों में क्यों दर्शाया तो बड़े भोलेपन से बोले—"मैंने वार्षिक आय पाँच अंकों में बताई थी। कोई उसे मासिक समझ ले तो उसमें मेरा क्या दोष?" हुई न 'नरो वा कुंजरो' वाली दास्तान। इसी से मिलती-जुलती एक दास्तान हमारी माँ बचपन में सुनाया करती थीं। शादी हो जाने के बाद गुजरात में 'फटाणा' (व्यंग्य या कटाक्ष गीत) गाने का रिवाज़ है। ऐसी ही एक शादी सम्पन्न होने के बाद वर पक्ष की औरतें गाने लगीं—

जंग जीतियो रे मारे काणियों।

जवाब में कन्या पक्ष ने राग छेड़ा—

दो तो दुल्हन चले जब जाणियों।

इस प्रकार काने वर के साथ लँगड़ी दुल्हन की जोड़ी जम गई। वैवाहिक विज्ञापनों से होने वाले विवाहों में भी लगभग आधे मामलों में यही कहानी दोहराई जाती है।

वैवाहिक विज्ञापन के माध्यम से गृह कार्य दक्ष वधू लाने वाले हमारे एक मित्र सप्ताह में तीन दिन होटल में खाना खाते नज़र आते हैं और व्यसन रहित

संस्कारी पुरुष से विवाह करने वाली हमारी एक पड़ोसन का अनुभव है कि सचमुच उनमें झूठ बोलने को छोड़कर दूसरा कोई व्यसन नहीं है।

वैवाहिक विज्ञापन के बढ़ते प्रचलन के कारण वैवाहिक सम्बन्धों में नाइयों और मुँहबोली चाचियों के भाव में जबर्दस्त गिरावट आई है। अब तो काने, कुबड़े, विधुर, विधवाएँ आदि सभी किस्मत के सताए वैवाहिक विज्ञापन के माध्यम से पोस्ट बाक्स नम्बर के पर्दे में अपना चेहरा छिपाकर भावी जीवन-साथी के साथ सीधा सम्पर्क कर पत्र-व्यवहार करते नहर आते हैं। इस प्रकार वैवाहिक विज्ञापनों ने बिचौलियों को समाप्त कर सामाजिक सम्बन्धों में 'एस. टी. डी.' की भूमिका निभाई है।

नेतानुमा अफसर

अफसरनुमा नेता आजकल ढूँढ़े नहीं मिलते हैं, किन्तु हर तीसरे कार्यालय में नेतानुमा अफसर आपको मिल जाएँगे। नेतानुमा अफसर वह अफसर होता है, जो नेता बनते-बनते मातहतों के बुरे ग्रहों के कारण अफसर की कुर्सी पर आ धमकता है। उसकी अफसरी उसके शरीर का ऊपरी आवरण मात्र होती है। नेतानुमा अफसर के अन्दर झाँको, तो कण-कण में नेतागिरी के कीटाणु विराजमान होते हैं और आत्मा तो पूर्णत: नेताओं जैसी चंचल और बदबूदार होती है।

नेतानुमा अफसर की सबसे बड़ी पहचान यह होती है कि वह अफसरों के समान सूट या टाई धारण नहीं करता और जो मातहत सूट-टाई धारण करते ह, उनके प्रति द्वेष-दृष्टि रखता है। कड़कडाती ठंड में भी वह आपको हाफ़ शर्ट में दिखाई पड़ेगा। ऐसा करके वह सर्वहारा वर्ग के प्रति अपनी प्रतिबद्धता का प्रदर्शन करता है।

नेतानुमा अफसर मातहतों के लिए मौत का पैगाम, मंत्रियों के लिए पूँछ

हिलानेवाला ग़ुलाम, तीसरे दर्जे के नेताओं के लिए सहिष्णु श्रोता और कस्बाई पत्रकारों के गोपनीय ख़बरें का अद्‌भुत स्रोत और विज्ञापन की बहती गंगा होता है। जनता के लिए वह सांसद, विधायक, मंत्री, मित्र, मार्गदर्शक और सलाहकार की बहुरूपिया भूमिका निभाता है।

जिस ज़िले में नेतानुमा अफसर का अवतरण होता है, उस ज़िले का भाग्य खुल जाता है। पदभार ग्रहण करते ही वह एक बैठक लेकर मंत्रियों के अन्दाज़ में अफसरों पर डाँट-फटकार की वह आँधी चलाता है कि हर अफसर पीपल के पत्ते सा काँपता घर लौटता है। इस तरह नेतानुमा अफसर की क्रान्तिकारी घोषणाओं के साथ छुटभैयों, पत्रकारों, चापलूसों, बड़े बाबूओं और कर्मचारी संघों के नेताओं का स्वर्णयुग तथा नौकरशाही का आपातकाल प्रारम्भ होता है। जनता उसके वाग्जाल और प्रारम्भिक कारनामों से सम्मोहित हो उसे देवता मान बैठती है, किन्तु जिस तरह नई सरकार की चमक-दमक कुछ ही दिनों में फीकी पड़ जाती है, उसी तरह नेतानुमा अफसर का असली रूप सामने आने मेंं केवल छह माह का समय लगता है। उसके बाद जनता इस 'रावण राज्य' की समाप्ति के लिए मन-ही-मन प्रार्थना करती है या कभी-कभी सड़कों उतर आती है।

नेतानुमा अफसर करिश्मों में विश्वास करता है, इसलिए पदस्थापना के पहले महीने में वह आकस्मिक निरीक्षण, छापे और गहन छानबीन जैसे हथियारों का सहारा लेकर कुछ को सस्पेंड करके, कुछ को पदावनत करके और कुछ की वेतनवृद्धि रोककर अपना दबदबा कायम करता है। गली-गली, चौराहे-चौराहे उसके चर्चे होने लगते हैं। स्थानीय अख़बार, नौकरीशाही के ढीले पुर्जों को कसने की उसकी योग्यता की तारीफ़ में सम्पादकीय लिखते हैं। दफ़्तर में बारह बजे के पहले पाँव न रखने वाले अड़ियल बाबू साढ़े दस बजे टेबल पर काम करते दृष्टिगोचर होते हैं। भ्रष्टाचार के रेट में कम-से-कम बीस प्रतिशत की गिरावट आती है। ऐसा लगता है कि राम राज्य अब आने

ही वाला है, किन्तु कुछ ही दिनों में उसकी सनक रंग दिखाने लगती है। नब्बे प्रतिशत फाइलों पर वह 'चर्चा करें' लिखता है। और जब चर्चा करने जाओ, तो आम की फाइल पर इमली की चर्चा करता है, और कूप-निर्माण की फाइल पर सूप-निर्माण के आदेश पारित करता है। कभी पता चलता है कि बड़े साहब ने अपनी और अपने दो साहबजादों की कटिंग बनाने के पन्द्रह रुपए माँगने वाले नाई को 'शोषण' के आरोप में जेल में बन्द करवा दिया है अथवा अपने शरारती सुपुत्र को कक्षा में डाँटने वाले मास्साब को ट्यूशनखोरी करने के आरोप में निलम्बन की सज़ा सुना दी है।

नेतानुमा अफसर अपने मातहतों की इज्जत सार्वजनिक रूप से उतारने में माहिर होता है। वह एक को डाँटता है और वहाँ उपस्थित पचीस को आतंकित करता है। इस प्रकार वह एक तीर से कई का शिकार करता है। छुटभैया नेता को बैठने के लिए कुर्सी तक ऑफर न करने वाले मातहत अधिकारी की शिकायत मिलने पर वह नेता को चाय ऑफर कर उसी के सामने मातहत अधिकारी का चीरहरण करता है। कौरव वंशीय छुटभैया इस खेल को चाय की चुस्कियों के साथ मज़े लेकर देखता है, किन्तु द्रौपदी रूपी मातहत को बचाने के लिए कोई कलियुगी कृष्ण नहीं प्रकट नहीं होता।

नेतानुमा अफसर घड़ी में तोला तो घड़ी में माशा होता है। इसलिए उसके चेम्बर में प्रवेश करते हुए हर अधिकारी अपनी श्रद्धा के अनुसार हनुमान चालीसा या लाहौल विला कूवत आ पढ़ता है और सकुशल बाहर आने पर जान बची तो लाखों पाए गीत गाता है।

नेतानुमा अफसर सम्पूर्ण ज़िले को अपने भावी लोकसभा क्षेत्र के रूप में और अपने सजातीय बन्धुओं की बहुलता वाली तहसील को भावी विधानसभा क्षेत्र के रूप में देखता है तथा इसी दृष्टि से उन क्षेत्रों की सेवा करता है। उसका प्रत्येक कार्य इसी ध्येय को सामने रखकर सम्पन्न होता है। वह शहरी क्षेत्र वार्ड मेम्बर से लेकर हर ग्राम पंचायत के सरपंच तक को नाम से जानता है। सरपंच

भाव-विभोर होकर ग्रामवासियों को बताता है कि ऐसा अफसर उसने आज तक नहीं देखा। वह चुनाव में काम आ सकने लायक हर चर-अचर प्राणी को सहलाता है, असका दिल बहलाता है। ग़रीबों के उत्थान के लिए बनाई गई कल्याणकारी योजनाओं के क्रियान्वयन में वह व्यक्तिगत रुचि लेता है। कभी-कभी उसकी व्यक्तिगत रुचि से कोई निराश्रित युवा विधवा कामचलाऊ सधवा में भी परिवर्तित हो जाती है। वह महिला और बाल विकास विभाग तथा समाज कल्याण विभाग की संस्थाओं के आकस्मिक निरीक्षण में ऐतिहासिक रुचि लेता है जिसके कारण स्थानीय साप्ताहिकों के सम्पादक कम स्वामी उसे ख़लीफा हारूनरशीद का आधुनिक अवतार घोषित कर देते हैं।

उसके कार्यकाल में जन सम्पर्क अधिकारी प्रेस विज्ञप्तियों की बाढ़ में बहता रहता है और उस विभाग का अदना फोटोग्राफर उसकी मुखमुद्रा के प्रत्येक कोण को जादुई मुस्कान के साथ पेश करने में अपनी सारी प्रतिभा लगा देता है। नेतानुमा अफसर अपने सम्भावित शत्रुओं और भावी मददगारों को पहचानकर उन्हें उपकृत करने का एकसूत्रीय कार्यक्रम चलाता है, जिसके परिणमस्वरूप छात्र संघ का दादा टाइप नेता 'ट्रक ओनर' और स्थानीय माफ़िया किंग खनिज विभाग विभाग का सम्मानित ठेकेदार बन जाता है। कर्मचारी संघ का कार्यालय 'साइट बेल्यू' वाली ज़मीन पर बेधड़क उग जाता है और शहर के त्रासदी उत्पन्न कर सकने की सम्भावना वाले सभी गणमान्य नागरिक झुग्गी-झौंपड़ी में अतिक्रमण व्यवस्थापन का पट्टा प्राप्त कर लेते हैं। मुँहलगा पत्रकार स्वयंसेवी संस्था गठित कर प्रौढ़ शिक्षा कक्षाओं के संचालन के कारोबार में लग जाता है और छुटभैयों के सारे रिश्तेदार 'डेली वेज़ेज' पर कहीं-न कहीं फिट हो जाते हैं।

स्थानीय नेतागण कुछ दिन तक उसके सम्मोहन में बंधे रहने के बाद उसकी 'नेताई' छवि से चौकन्ने हो जाते हैं, क्योंकि कोई भी नेता अ़पने कार्यक्षेत्र में दूसरे नेता का उत्थान पसन्द नहीं करता। किन्तु इसके पहले कि वे संगठित

हों इस नए नेता को निकाल बाहर करें, वह बहुत होशियारी से उनमें फूट डलवाकर गुटबन्दी पैदा कर देता है। वह सत्तारूढ़ दल के मुख्यमंत्री समर्थक गुट के स्थानीय नेता को 'ओवरड्यू' सम्मान देकर तथा उसके विरोधियों पर धावा बोलकर उसका विश्वास अर्जित कर लेता है और इस तरह अपना खूँटा मज़बूती से गाड़ने के बाद वह अपने खिलाफ़ उठी हुई हर आवाज़ को मुख्यमंत्री को हटाने की विरोधियों की साजिश घोषित कर देता है और उसके तर्कों की प्रतिबद्धता से मुख्यमंत्री भी प्रभावित हो जाते हैं। मुख्यमंत्री का आशीर्वाद मिलने के बाद वह ज़िले का एकमात्र नेता बन जाता है और सभी की नेतागिरी को हाशिए पर धके ल देता है।

नेतानुमा अफसर की सफलता का राज उसका जनसम्पर्क होता है। हाईकमान द्वारा भेजे गए पार्टी पर्यवेक्षक वे वह आधी रात को सर्किट हाउस में गोपनीय भेंट कर मुख्यमंत्री के विरुद्ध बगावत पर आमादा लोगों का कच्चा चिट्ठा पेश करता है तथा आबकारी या महिला और बाल विकास विभाग की सहायता से उनके मनोरंजन की पूरी व्यवस्था करता है। मुख्यमंत्री के विशेष सहायक को वह सर कहकर पुकारता है और मुख्यमंत्री का भृत्य या सुरक्षा गार्ड उसके कंधे पर हाथ रखकर बात करने की आत्मीयता प्राप्त कर लेता है। इससे उन्हें स्वयं को मुख्यमंत्री मानने लगने का सुभीता होता है। नेतानुमा अफसर के कान हमेशा राजधानी की ओर लगे रहते हैं और मुख्यमंत्री निवास में चम्मच भी गिरे तो वह चौकन्ना हो जाता है।

नेतानुमा अफसर उगते सूरज को सलाम की उक्ति में पूर्ण विश्वास रखता है और मुख्यमंत्री या पार्टी बदलते ही वह तत्काल राजधानी की यात्रा कर नए राजा के दरबार में अपनी सलामी प्रस्तुत कर नए वातावरण में स्वयं को 'एडजस्ट' कर लेता है तथा अपने ड्राइंगरूम में लगे पुराने नेताओं की फोटो रातों-रात बदल देता है। उसे किसी विशेष ब्रांड का मानने की ग़लतफहमी में पड़े लोगों को करंट तब लगता है जब नए शासन में पदस्थापना की सूचियाँ

निकलती हैं, तो या तो वह अपने पुराने स्थान पर ठाठ से जमा दिखता है या तबादले पर अन्य किसी महत्वपूर्ण पद पर चला जाता है। भारतीय नौकरशाही ने अभी तक भारत को एक ही प्रधानमंत्री दिया है, किन्तु जिस गति से नेतानुमा अफसरों की संख्या बढ़ रही है, उसे देखते हुए लगता है कि वह दिन दूर नहीं जब मंत्रिमंडल में भूतपूर्व अफसरों का बहुमत होगा।

लालफीताशाही का मृत्युघंट

मैं यदि कहूँ कि भारत में लालफीताशाही का मृत्युघंट बज गया है और क्लर्कों की दुलारी अफसरों की प्यारी लालफीताशाही अब चन्द दिनों की ही मेहमान है, तो निश्चित रूप से आप मुझे ग्वालियर, आगरा या राँची का टिकट कटवाने की नेक सलाह देंगे। लेकिन मैं अपने पूरे होशो-हवास मैं यह घोषणा कर रहा हूँ कि अब लालफीताशाही बच नहीं सकती। उसे जाना ही होगा भारतवर्ष की पावन धरती को छोड़कर।

हाँ जनाब, मैं जानता हूँ कि लालफीताशाही हर सरकारी दफ़्तर की बगिया में गाजर घास की तरह फल-फूल रही है तथा सिफारिशविहीन और मुद्राहीन मनुष्यों के रक्त का प्रतिदिन सेवन कर वह पूर्ण स्वस्थ तथा तरोताज़ा है। किन्तु जिस महादेवी की कृपा से हमारे सरकारी दफ़्तरों के पास बैठने वाले मोचियों का चप्पल-जूतों के घिसे तलवे बदलने का धंधा बारहों महीने उफान पर रहता है, वह स्वयं किसी की 'नज़रेबद' का शिकार हो गई है। आप अपने अनुमानों

की हँडिया में बीरबल की खिचड़ी पकाते रहिए, लेकिन यदि आप सोचते हैं कि अपनी पेंशन के लिए सात साल से भटकते किसी सेवानिवृत्त मास्साब के निराश हृदय से निकली शक्तिशाली 'आह' की चपेट में आकर लालफीताशाही अकाल मृत्यु को प्राप्त होने वाली है, तो आपकी सोच जब ज़रूरत होगी तब मकान खाली कर दूँगा की कसम खाने वाले किरायेदार के सत्य वचन के समान ही सिद्ध होगी। यदि आपको यह भ्रम है कि पिछले चालीस सालों में हिन्दी के व्यंग्यकारों द्वारा लालफीताशाही पर चलाए गए व्यंग्य वाणों से लहू-लुहान होकर भ्रष्टाचार रूपी रावण की सगी बहन लालफीताशाही रूपी सूर्पणखा की नाक कटने वाली ह, तो आप उस भ्रम को अपने मन में से उसी तरह निकाल दीजिए जिस तरह आर. टी. ओ. आफिस का बाबू बिना मुद्राराक्षस के ड्राइविंग लाइसेंस बनाने की प्रार्थना करने वालों को कार्यालय से बाहर धकिया देता है।

व्यंग्यकारों ने अपने तेज़ और धारदार खंजरों से कई बार लालफीताशाही पर जानलेवा हमले किए, लेकिन नौकरशाही का बुलेटप्रूफ जाकिट पहने लालफीताशाही देवी के शरीर पर तो खरोंच भी नहीं आई। उलटे नारी जाति पर कीचड़ उछालने के आरोप में अनेक व्यंग्यकार भारतीय दंड संहिता की पावन धाराओं के प्रवाह में डुबकियाँ लगाने को मज़बूर हुए। यही हाल भारतवर्ष के उन महान नेताओं का हुआ, जिन्होंने आदर्शवाद के तेल में तली कचौड़ियाँ खाकर लालफीताशाही के ख़िलाफ जेहाद की घोषणा की और लालफीताशाही की कृपा से उन्हीं के कार्यकाल में बाढ़-पीड़ितों के लिए आया अनाज अगले साल अकाल-पीड़ितों के मध्य बँटा, जिसमें हर बात में कीड़े निकालने की बुरी आदत से पीड़ित कुछ पत्रकारों ने कीड़े देखे। लेकिन शासकीय विज्ञप्ति रूपी राजा हरिश्चन्द्र ने तत्काल इस अफवाह का खंडन कर दिया, जिससे लालफीताशाही के चरित्र-हनन का प्रयास विफल हुआ। अपने जी. पी. एफ. को प्राप्त करने की जद्दोजहद में मृत्यु को प्राप्त अनेक चतुर्थ वर्ग के कर्मचारी मृत्यु के पश्चात प्रेत योनि में प्रविष्ट हो उनकी फाइल को दबाए रखने वाले बाबूओं के बदन पर जा चिपके, लेकिन रिश्वत की मलाई से चिकने

हुए उन शरीरों से फिसलकर गिर पड़े और लालफीताशाही ने उन प्रेतात्माओं को भी उन्हीं की फाइल के फीतों से बाँधकर रिकार्ड रूम की अंधेरी गुफा में फेंक दिया।

लेकिन जैसे ही मैंने भारतीय दूरदर्शन की समाचारवाचिका के श्रीमुख से यह शुभ समाचार सुना कि विश्वबैंक के अन्तर्राष्ट्रीय मुद्रा कोष ने भारतवर्ष के सरकारी दफ़्तरों में कामकाज की धीमी गति पर चिन्ता प्रकट की हैं तथा कहा है कि इसके कारण भारत में विदेशी निवेश पर विपरीत प्रभाव पड़ सकता है, तो मैं उछल पड़ा और जोर से चिल्लाया—"लालफीतशाही! अब आई है तू पहाड़ के नीचे। अब देखते हैं तुझे कौन बचाता है!"

जब लालफीताशाही अपने समस्त शत्रुओं को ठिकाने लगाकर अपनी सफलता के स्वर्ण जयन्ती समारोह की तैयारियों में व्यस्त थी, तब विश्वबैंक की वक्र दृष्टि भारत के प्रशासन तंत्र की इस हीरोइन पर पड़ी और चूँकि विश्वबैंक रूपी फाइनेंसर इससे खफा है इसलिए मजबूर निर्माता निर्देशक भारत को लालफीताशाही को अपने प्रशास़न तन्त्र की हीरोइन पद से हटाना पड़ेगा।

लालफीताशाही कोअपने भाई भ्रष्टाचार के समान 'अजर-अमर' मानने वाले निराशावादी बुद्धि जीवियों को यह बताना आवश्यक है कि पिछले दो साल में विश्वबैंक तथा अन्तर्राष्ट्रीय मुद्राकोष की वक्र दृष्टि जिस चीज़ पर पड़ी, वह भारत के दृश्य पटल से गधे के सर से सींग की तरह गायब हो गई है।

अब आप देखिए कि मुद्राकोष को इस बात से सख़्त एतराज़ था कि हम अपने घाटे को नोट छाप-छापकर पूरा कर लेते हैं और जिसके कारण उनके मुद्रा भंडार अनुपयोगी पड़े रह जाते हैं, तो उनकी बात मानकर हमने नए नोट छापना बन्द कर उनसे 'डालर और पौंड' ला-लाकर अपना घाटा पूरा करना शुरू कर दिया और हमारे साहूकारों की यह सलाह हमारे गले इसलिए भी उतर गई कि वह देश के प्राचीन ऋषि चार्वाक के सिद्धान्तों से भी मेल खाती थी, जिन्होंने कहा है कि ऋण लेकर घी पिओ। हमने भी कर्ज़ ली हुई मुद्रा से फ्रांस

की उत्तम कोटि की ह्विस्की आयात कर चार्वाक के नक्शे-कदम पर चलना प्रारम्भ कर दिया है।

पिछले दो सालों में हमारे यहाँ जो उलजलूल काम हो रहे थे उन सबको विश्वबैंक और मुद्राकोष ने एक-एक कर ख़त्म करवाना शुरू कर दिया है। अब बताइए! ग़रीबी की रेखा से नीचे जीवन बिताने वाले कंगालों को 'सबसिडी' की बैसाखी देकर मोटे-तगड़े सेठ-साहूकारों के मुकाबले दौड़ने के लिए तैयार करना मूर्खता नहीं तो और क्या है? पाँचों उँगलियाँ कभी बराबर तो रहतीं नहीं, फिर गधों को घोड़ा बनाने से क्या लाभ? इसी तरह की मूर्खता उपभोक्ताओं को सस्ता गेहूँ, चावल आदि ख़रीदने के लिए 'सबसिडी' देकर की जा रही है। जब हमारे साहूकार देश हमें कर्ज़ में अपने यहाँ का सस्ता, सुन्दर और पौष्टिक अनाज दे रहे ह, तब हमें अपने किसानों को सलाह देनी चाहिए कि वे अपने खेतों पर तालाबन्दी का बोर्ड लगाकर विदेशी तकनीक से बने हुए स्वादिष्ट वेफर को चबाएँ और व्यर्थ में अपना पसीना न बहाए। हमारे देश के हितचिन्तक विश्वबैंक की इसी वक्र दृष्टि के कारण सबसिडी दिन-ब-दिन सिकुड़ती जा रही है। जब हमारे देश के हरे-भरे चरागाहों को चरने के लिए बेताब मल्टीनेशनल साँडों को लालफीताशाही की जं जीरें खटक रही हैं, तो निश्चित रूप से उनका कटना तय है, क्योंकि हमारी सरकार इस मामले में बहुत 'नमकहलाल'है। हम जिसका खाते हैं, उसी का बजाते हैं।

लालफीताशाही की आसन्न मृत्यु से प्रसन्न होकर जब मैं दूसरे दिन अपने दफ़्तर पहुँचा, तो मैंने अपने पूरे स्टाफ को बुलाकर स्पष्ट रूप से घोषणा कर दी कि हमारे धनदाता विश्वबैंक को चूँकि लालफीताशाही सख़्त नापसन्द है, इसलिए आज से लालाफीताशाही बिल्कुल नहीं चलेगी। मैंने इस आशय का एक बोर्ड भी दफ़्तर के बाहर लगवा दिया— "विश्वबैंक के आदेशानुसार इस कार्यालय में लालफीताशाही समाप्त कर दी गीई है"। कुछ देर बाद मैंने अपने बड़े बाबू की टेबल पर तीन माह से पड़ी हुई दो फाइलों का करुण रुदनमय

वार्तालाप सुना।

पहली फाइल जो घर बनाने के लिए नजूल का पट्टा देने से सम्बन्धित थी, बोली—"बहन, अब तो लगता है कि हमें अपनी कछुआ चाल छोड़कर शताब्दी एक्सप्रेस की गति से दौड़ना पड़ेगा।" दूसरी फाइल जो ओला-पीड़ित किसानों को मुआवजा देने से सम्बन्धित थी, बोली—"मैंने तो जन्म के बाद पाँच महीने छोटे बाबू के टेबल पर विश्राम किया और तीन महीने पहले से बड़े बाबू की टेबल पर पड़ी हुई हूँ। लेकिन लगता है कि अब मेरी जीवन-यात्रा ज़्यादा दिन चलेगी नहीं और लालफीते की बाँहों से मुक्त होकर अन्तिम निराकरण रूपी मृत्यु को प्राप्त कर रिकार्ड रूम के कब्रिस्तान से सड़ना पड़ेगा।"

अपने ऑफिस की फाइलों के इस विलाप को सुनने के बाद मुझे पूरा विश्वास हो गया कि मल्टीनेशनल की मेहरबानी से हमारे देश में अब सरकारी फाइलों के मध्य 'तेज़ गति' से चलने की प्रतियोगिता का आयोजन प्रति सप्ताह होता रहेगा। मैंने सोचा कि काश, विश्वबैंक और मल्टीनेशनल की वक्र दृष्टि हमारे यहाँ के भ्रष्टाचार और ग़रीबी पर भी पड़ जाए, तो कितना अच्छा हो। मैं इन्हीं ख्यालों में खोया हुआ था कि हमारे पूरे स्टाफ ने मेरे कमरे में आकर लालफीताशाही की मृत्यु पर शोक सभा कर श्रद्धांजलि अर्पित कर आज उसके शोक में अवकाश देने की माँग की, जिसे तत्काल स्वीकार कर मैंने संवेदशील अधिकारी होने का परिचय दिया।

आसंदी से उपजा सिरदर्द

चिकित्साशास्त्र में सिरदर्द के कई प्रकार वर्णित हैं। कुछ लोग अपनी मुँहलगी धर्मपत्नी की दैनिक बक-झक से सिरदर्द का शिकार होते हैं। कुछ लोग कटखने बॉस की कटूक्तियों से यह मर्ज़ प्राप्त करते हैं। जिन्हें दर्देदिल ने न घेरा हो वे भी कभी न कभी दर्देसिर का शिकार अवश्य होते हैं। बोर टी. वी. सीरियलों को देखने से उत्पन्न सिरदर्द आधुनिक इलेक्ट्रॉनिक मीडिया की देन है, जिसका वर्णन चिकित्साशास्त्र में शीघ्र ही शामिल होने की पूरी सम्भावनाएँ बलबती हो चुकी हैं। एक सिरदर्द लोकतंत्र की देन है, जिसकी ओर न तो चिकित्साशास्त्रियों का ध्यान गया है, न सिरदर्द के लिए तरह-तरह की टेबलेटों और बामों का निर्माण कर अपनी सातों पीढ़ियो का दुख-दर्द दूर करने में लगी दवाई कंपनियों का। मैंने इसे आसंदी से उत्पन्न सिरदर्द की संज्ञा दी है।

हमारे देश में विधानसभाओं, विधानपरिषदों और लोकसभा के माननीय अध्यक्षों, उपाध्यक्षों तथा राज्यसभा के माननीय सभापति और उपसभापति को संसदीय लोकतंत्र की मेहबानी से विधानमंडल अथवा संसद में सबसे ऊँची

कुर्सी मिलती है। कुर्सियाँ मंत्रियों को भी मिलती है, किन्तु वे फूलों की सेज़ होती हैं, जबकि माननीय अध्यक्ष की आसंदी काँटों का ताज है, क्योंकि अध्यक्ष महोदय की हालत उस शिक्षक जैसी होती है, जिसे बड़ी उम्र के बिगड़ैल बच्चों की शाला का हेडमास्टर बना दिया गया हो।

पहले अध्यक्ष महोदयों के दुख-दर्दों की कहानियाँ कभी-कभी अख़बार के माध्यम से पढ़ने को मिलती थीं। एकाध बार दर्शक-दीर्घा से भी उस ऊँची आसंदी पर विराजमान महापुरुष की विवशता को निहारने का मौका मिला था, किन्तु जब से बुद्धू बक्से ने प्रातःकाल चाय-नाश्ते के बजाय संसद की कार्रवाई परोसना प्रारम्भ किया है, तब से मेरे मन में अध्यक्ष की आसंदी पर बैठे महोदयों के प्रति सहानुभूति की बाढ़ आ गई है। इसी बाढ़ का पानी शब्द रूपी आँसुओं के रूप में आपके सामने टपकने जा रहा है।

हमारे देश में विधानमंडलों की कार्रवाई प्रश्नकाल से प्रारम्भ होती है, जिसमें विधायक रूपी यक्ष प्रश्न पूछते हैं और उत्तर मंत्री रूपी पांडवों को देना पड़ता है। किन्तु महाभारत काल में जहाँ एक यक्ष होता था, वहाँ अब यक्षों की तादाद सैकड़ों में हो गई है तथा पांडव भी पांच से बढ़कर करीब 50 हो गए हैं। प्रश्नकाल में यक्ष पांडव प्रश्नोत्तर मैच होता है, ज़िसे वाक्युद्ध में न बदलने की जिम्मेदारी रैफरी रूपी अध्यक्ष की होती है। वे कभी विषय की पटरी से उतरकर सरपट भागते किसी उत्साही सदस्य की वाणी पर आर्डर-आर्डर का ब्रेक लगाते हैं, तो कभी किसी मंत्री को मीठी झिड़की देते दिखाई देते हैं। "आप बैठिए, अभी आपकी बारी नहीं है।", "देखिए चुप रहिए—आप अपना स्थान ग्रहण कीजिए।" आदि वाक्य अध्यक्ष महोदयों के तकिया-कलाम बन गए हैं। जैसे महँगाई हमारे जीवन में पति-पत्नी वार्तालाप की शाश्वत विषयवस्तु बन गई है, उसी तरह शोरगुल, हंगामा, एक साथ खड़े होकर चिल्लाना, नारेबाज़ी, वाकआउट आदि क्रिया-कलाप हमारे संसदीय जीवन के अभिन्न अंग बन गए हैं और अध्यक्ष महोदय इन सबसे प्रतिदिन साक्षात

लोहा लेते नज़र आते हैं। सुबह से शाम तक चुने हुए प्रतिनिधियों के महाभारत को अनुशासन की पटरी पर बनाए रखने के प्रयत्नों में शाम को घर लौटते समय वे अपने साथ एक नये प्रकार का सिरदर्द ले जाते हैं। वह है, आसंदी से उपजा सिरदर्द।

साले ,गधे, उल्लू कहीं के या अक्ल से तो तुम्हारा सात जनम का वैर है जैसे कई शब्द जो हम दैनिक बोलचाल में अपनी बीबी, नौकर या मित्र के प्रति अपनापन दिखाने के लिए बोलते हैं, विधानमंडलों और संसद के द्वार से प्रवेश करते ही असंसदीय हो जाते हैं। सदस्यगण अध्यक्ष महोदय की उपस्थिति में ही ऐसे हल्के-फुल्के असंसदीय शब्दों की एक दूसरे पर बौछार करते हैं और जब कभी गली-मोहल्लों में बोली गई बचपन की बोली बोलने की इच्छा सदस्यों में जागती है, तब वे ऐसे घोर असंसदीय शब्दों का प्रयोग करते हैं, जिन्हें सुनकर अध्यक्ष के सिर की नसें फटने लगती हैं। वे आसंदी की मर्यादा को कोख में समेटे ऐसे असंसदीय शब्दों को सदन की कार्रवाई से निकालने के लिए झाड़ू हाथ में लेकर सफाई में लग जाते हैं। प्रतिदिन ऐसे असंसदीय शब्दों को सुनने की करुण नियमितता स्थाई सिरदर्द को जन्म देती है।

मैं अपनी कल्पना के घोड़े दौडा रहा हूँ। अध्यक्ष घर पहुँचते ही चिल्लाते हैं—"अजी सुन रही हो, आज मेरा सिर दर्द से फटा जा रहा है।" अध्यक्ष जी की अर्धांगिनी उत्तर देती हैं—"इसमें कौन सी नई बात है? जब-जब सत्र प्रारम्भ होता है, सिरदर्द शुरू हो जाता है। एक-दो दिन का रोना हो तो रो लूँ। ये तो रोज-रोज का रोना है। सत्र के दिनों में आपके सिर में बाम लगाते-लगाते मैं बेजार हो जाती हूँ। इससे तो तब अच्छा था, जब आप मंत्री थे। अध्यक्ष की ऊँची कुर्सी मिलने के बाद बँगले पर मिलने वालों की भीड़ एक चौथाई रह गई है। सिरदर्द अलग से बोनस में मिलता है।"

मैं कल्पना के घोड़ों को और तेज़ी से दौड़ता हूँ। एक दर्द निवारक बाम निर्माता कंपनी का प्रतिरनिधि अध्यक्ष महोदय के सामने हाथ जोड़े खड़ा है—

"सर, हम संसद की कार्रवाई के सीधे प्रसारण को प्रायोजित करना चाहते हैं।"

"ठीक है! लेकिन मुझ से क्या चाहते हो?"

"हम आपको अपने प्रसिद्ध बाम के विज्ञापन के लिए मॉडल के रूप में बुक करना चाहते हैं। आपको केवल हमारा बाम लगाकर कहना होगा कि सदन से घर लौटते ही मैं अमुक कंपनी का बाम इस्तेमाल करता हूँ। इससे मुझे दिन भर की संसदीय कार्रवाई से उत्पन्न सिरदर्द से छुटकारा मिल जाता है या फिर विज्ञापन इस तरह आएगा—शोरगुल! परेशानी!... सिरदर्द तो होगा ही... अध्यक्ष महोदय की तरह बाम क्यों नहीं लगाते।"

आसंदी से उत्पन्न सिरदर्द हमारे संसदीय लोकतंत्र का राजरोग है, जो आम आदमी को नहीं सताता है। हमें इस बात का गर्व है कि यह रोग हमारे देश की विशिष्ठता है। जिन देशों में लोकतंत्र नहीं है, वहाँ भी अध्यक्ष हैं, लेकिन वे इस रोग से परिचित नहीं हैं। ग्रेट ब्रिटेन भले ही स्वयं को संसदीय लोकतंत्र का जन्मदाता मानकर गर्व करता रहे, लेकिन अध्यक्ष की आसंदी से उत्पन्न सिरदर्द के मामले में हमारे देश के आगे पानी ही भरेगा। इसलिए चिकित्सा-विज्ञान में नोबल पुरस्कार के आकांक्षी सिरदर्द के इस सर्वथा नये प्रकार पर रिसर्च के लिए सादर आमंत्रित हैं।

सूटकेस वालों से सावधान

जिस बँगले पर पहले तख़्ती लगी रहती थी—'कुत्तों से सावधान', वहाँ बँगले का चपरासी उस तख़्ती को हटाकर एक नई तख़्ती लगा रहा था—'सूटकेस वालों से सावधान'। यह मंत्री जी का बँगला था। काव्यप्रपात जी जैसे ही प्रवेश द्वार के पास पहुँचे, उनके हाथ के सूटकेस को अत्यंत गम्भीर ढंग से घूरते हुए सुरक्षा प्रहरी चिल्लाया—"रुकिए! रुकिए! श्रीमान! सूटकेस लेकर अन्दर प्रवेश वर्जित है। कहाँ चले जा रहे हैं।"

"अरे भाई मैं मंत्री जी के कस्बे का कवि हूँ।"

सुरक्षाकर्मी कहने लगा—"लेकिन इस सूटकेस में क्या है?"

काव्यप्रपात जी ने कहा—"होगा क्या? मेरे प्रकाशित कविता संग्रह की कुछ अनबिकी प्रतियाँ हैं। मंत्री जी अपने प्रभाव से किसी सरकारी संस्था में खपवा दें, इसलिए लेकर आया हूँ।"

सुरक्षाकर्मी ने अच्छी तरह से उलट-पुलट कर एक-एक किताब को देखा, फिर बचपन से ही अपने काव्यप्रेमी होने की घोषणा कर स्वयं को संत

तुलसीदास के गाँव का मूल निवासी बतांते हुए कविता-संग्रह की दो प्रतियाँ अपने पास रखते हुए कहने लगे—"ठीक है, लेकिन जरा पी. ए. साहब से मिल लीजिए।"

काव्यप्रपात जी पी. ए. साहब के कक्ष में पहुँच, तो देखा कि एक सज्जन शायराना अन्दाज़ में पान चबाते हुए किसी से खुसुर-फुसुर कर रहे थे। उनके हाथ के सूटकेस पर दृष्टिपात होते ही चिल्लाए—"अरे! इनको सूटकेस के साथ अन्दर किसने आने दिया!"

"ठहरिए जनाब! मैं कोई आतंकवादी नहीं हूँ।" उसके शायराना अन्दाज़ को देख काव्यप्रपात जी ने इम्प्रेशन जमाने की गरज से कहा—"मैं शायर हूँ।" लेकिन उनका अनुमान ग़लत निकला। उसको शायद में शेयर की गंध आ गई। वह उखड़ गया—"नहीं, हमको नहीं चाहिए शेयर! शेयरों ने ही तो हाई कमान को परेशान कर रखा है। हमें भी शेयर घोटाले में फँसाने आए हो! लेकिन हम पहले ही सावधान हैं। उठाइए सूटकेस और निकल जाइए बाहर!"

इसके पहले कि सुरक्षाकर्मी काव्यप्रपात जी को धक्का देकर बाहर निकालते, उन्होंने पी. ए. साहब की तुलना आर. के. धवन से करते हुए भाट-चारणों के अन्दाज़ में उनकी शान में एक सवैया पढ़ा, जिसे सुनने के बाद वे कुछ नरम पड़े, लेकिन उसी पुराने अन्दाज़ में कहने लगे—"देखिए कवि महोदय! यदि आप इस सूटकेस को गेट पर सुरक्षा प्रहरी के पास जमा करवा दें, तो मैं खाली हाथ आपको मंत्री जी से मिलवा सकता हूँ, क्योंकि पिछले कुछ दिनों से सूटकेस देखते ही मंत्री जी का मूड ऑफ हो जाता है। लेकिन यह तो बताइए, आपके मंत्री जी क्या काम है।"

उन्होंने कहा—"मैं काव्य-संग्रह बिकवाने में मंत्री जी की मदद चाहता हूँ।"

पी. ए. साहब कहने लगे—"काव्य-संग्रह बिकवाने से आपको कोई दलाली तो नहीं मिलेगी? मंत्री जी को आजकल दलालों से सख़्त परहेज है।"

काव्यप्रपात जी ने कहा—"माई बाप, यह मेरा खुद का लिखा काव्य-सग्रह है। इसे मैंने अपनी धर्मपत्नी के गहने गिरवी रखवाकर छपवाया है। यदि कुछ कापियों की सरकारी ख़रीद की जुगाड़ मंत्री जी की दया से जम गई, तो मैं गहने छुड़वा लूँगा, वरना बीबी मुझे घर में घुसने भी नहीं देगी।"

पी. ए. पसीज गया। शायद वह भी पत्नी-पीड़ित थे। काव्यप्रपात जी मंत्री के पास पहुँच गए। मंत्री जी ने कहा—"फरमाए ! क्या लाए हैं?"

"काव्य-संग्रह आपको समर्पित कर रहा हूँऔर इसकी सरकारी ख़रीद के लिए आपसे अनुशंसात्मक नोट चाहता हूँ।"

"देखिए, न हम नोट देते हैं न लेते हैं।" उन्हाँने कहा।

"हुजूर आपको ग़लतफहमी हुई है। मैं सौ के या पाँच सौ के नोट लेकर नहीं आया हूँ।" यह कहकर काव्यप्रपात जी ने नोटशीट उनके सामने रख दी। मंत्री जी ने नोटशीट ध्यान से पढ़ी और फिर कहने लगे—"अपना चरित्र प्रमाण-पत्र दिखाइए।"

काव्यप्रपात जी ने कहा—"मंत्री जी, चरित्र तो हमारे पास है, किन्तु प्रमाण पत्र नहीं है! आप मुझे शायद पहचान नहीं पा रहे हैं। पिछले चुनाव में मैंने आपकी प्रशंसा में एक गीत लिखा था, जो गली-गली मशहूर हुआ था।"

मंत्री जी ने नोटशीट ध्यान से पढ़ी और फिर कहने लगे—"देखिए, सारी परेशानी जान-पहचान वालों से ही है। दुबई वाले दाऊद भाई से जान-पहचान को लेकर बम्बई के बड़े-बड़े लोग पेरशान हैं। बम्बई के मेहता बंधुओं से दुआ-सलाम करने वाले दिल्ली में पेरशान हैं। ऐसे नाजुक मौक़े पर मैं कोई रिस्क नहीं ले सकता, इसलिए आप अपने ज़िले के कलेक्टर से चरित्र प्रमाण पत्र लेकर आइए। तभी आपका काव्य-संग्रह शासकीय पुस्तकालयों की शोभा बढ़ा सकेगा।"

काव्यप्रपात जी ने कहा—"किस प्रकार का चरित्र प्रमाण पत्र?"

मंत्री जी ने कहा—"इस बात का प्रमाण पत्र कि पिछले दस सालों से आप किसी घोटाले में नहीं फँसे हैं और आगामी पाँच साल तक किसी घोटाले में फँसनेवाले नहीं हैं।"

काव्यप्रताप जी ने मन ने मन ही मन हर्षद मेहता पर हजारों श्राप बरसाए और ये पंक्तियाँ गुनगुनाते हुए बाहर निकल आए—

मेहता बन्धुओं काश तुमने न किया होता शेयर घोटाला।
छिनता नहीं आज गरीब शायर के बच्चों का निवाला ॥

लौट के मत आइयो रचना जी

अपनी रचना के लिफाफे को गोंद लगाकर बन्द करते समय रचनाकार की जबान पर एक ही शब्द होता है— 'लौट के मत आइयो रचना जी।' लेकिन रचना है कि नब्बे प्रतिशत मामलों में अपने साथ खेद वापस लेकर लौट आती है। कभी-कभी तो निर्दयी सम्पादक खेद प्रदर्शित करने की सौजन्यता भी नहीं दिखाते। रचना वापस लौटते ही रचनाकार के घर मातमी माहौल आच्छछादित हो जाता है, जैसे भरपूर दहेज देकर विदा की गई गई कन्या ससुराल पक्ष द्वारा बैरंग चिटठी समझ लौटा दी गई हो।

जिस तरह आई. ए. एस. में तीन प्रयत्नों के बाद असफल होने वाले प्रतिभाशाली पुरुष किसी प्राइवेट कालेज में व्याख्याता होने के पश्चात देश की हर समस्या के लिए नौकरशाही को कोसते नज़र आते हैं, उसी तरह कस्बाई कवि अखिल भारतीय स्तर की बड़ी पत्रिकाओं में अपनी तीन कविताएँ लगातार वापस लौटने पर व्यावसायिक पत्रिकाओं द्वारा साहित्य के विरुद्ध किए जा रहे पूँजीवादी षड्यंत्रों पर परिचर्चा का आयोजन करते हैं और जिनमें

साहित्यिक नेतागिरी के कीटाणु मौजूद होते हैं, वे इस प्रकार की घटनाओं में 'मल्टी नेशनल' की छिपी साजिश को भी सूँघ लेते हैं।

रचना जी के वापस लौटने का दुख ऐसा गोपनीय मामला होता है, जिसे कोई रचनाधर्मी अपने संगी-साथियों के साथ बाँटना नहीं चाहता। जैसे ससुराल से प्रताड़ित होकर लौटी पुत्री की करुण कहानी हर पिता जब तक हो सके छुपाए रखता है, लेकिन एक-न-एक दिन राज सबके सामने खुल ही जाता हैं, उसी तरह किसी कवि के लघु पत्रिका आन्दोलन के समर्थन में दिए वकतव्य से दुनिया को मालूम हो जाता है कि ये बेचारे बड़ी पत्रिकाओं के ठुकराए हुए हैं। लघु पत्रिकाओं के जन्म में 'खेद सहित वापस' की पर्चियों ने क्या भूमिका अदा की है, यह साहित्यिक रिसर्च का विषय है।

ससुराल से लौटाई गई कन्याओं के पिताश्री जिस तरह अच्छा दहेज न दे पाने की अपनी असमर्थता का विलाप करते हैं, उसी तरह लौटाई गई रचनाओं के कस्बा निवासी कर्त्ता अपने उच्च स्तरीय संपर्कों के अभावों का रोना रोते नज़र आते हैं।

हमारे एक क्रान्तिकारी कवि मित्र अकसर कहते हैं कि काश मैं दिल्ली, मुम्बई या भोपाल में पैदा हुआ होता, तो बड़ी पत्रिकाओं में रचनाओं की लाइन लगा देता। लेकिन हाय रे दुर्भाग्य! इस कस्बे ने कभी आगे बढ़ने न दिया!! आज का युग 'सम्पर्क' का युग है, इसलिए उनके कथन में सत्य का अंश होते हुए भी मैंने दुल्हन ही दहेज है की तर्ज पर 'अच्छी रचना ही स्वीकृति की गारंटी है' का सूत्र वाक्य उनके गले से नीचे उतारने का असफल प्रयत्न किया, लेकिन वे नहीं माने। बड़ी पत्रिकाओं के सम्पादकों और उप सम्पादकों की तारीफ़ में लम्बे-लम्बे प्रेम-पत्रों का लेखन, उनकी रचनाओं की खुशामद भरी समीक्षाओं का स्थानीय अख़बारों में प्रकाशन, सम्पादक के सम्मान में समारोहों का आयोजन कर उनके आगे प्रेमचन्द और निराला को बौना साबित करने के लिए सारे आजमाए हुए फार्मूलों के कठोर हृदय सम्पादकों पर बेअसर होने

के बाद हमारे कवि मित्र किसी शाश्वत हिट फार्मूले की तलाश में हैं!

मंडल आयोग पर सर्वोच्च न्यायालय के निर्णय के पश्चात हमारे कवि मित्र के दिमाग़ में एक नायाब आइडिया यह आया है कि अखिल भारतीय स्तर की सभी साहित्यिक पत्रिकाओं में गाँव और कस्बों में रहने वाले साहित्यकारों के लिए पचास प्रतिशत स्थान आरक्षित किए जाने की माँग की जाए तथा संविधान में इस विषय पर संशोधन के लिए 'साहित्यिक आन्दोलन' छेड़ा जाए। इस आन्दोलन को व्यापक समर्थन मिलने की सम्भावना है, क्योंकि हिन्दुस्तान के हर गाँव, हर कस्बे में पाँच-दस ऐसे साहित्यकार, विशेषकर कवि अवश्य मिल जाएँगे, जो कविता कर्म के साथ छेड़छाड़ करने के अभ्यस्त हैं और इनमें से अधिकांश खेद सहित वापस की पर्ची रूपी बुलेट से घायल हुए हैं तथा शरद पूर्णिमा, वसंत पंचमी, होली जैसे अवसरों पर स्थानीय कवि गोष्ठियों में श्रोताओं की तालियों रूपी मदिरा का सेवन कर ग़म ग़लत कर रहे हैं।

आप कस्बाई और ग्रामीण साहित्यकारों के लिए आरक्षण जैसे उग्रवादी विचार से सहमत नहीं भी हों, तो भी यह मानना ही पड़ेगा कि जिस तरह ससुराल में कन्याओं को दहेज के लिए सताया जाना हमारे देश की एक गम्भीर समस्या है, उसी तरह साहित्यकारों के हॉदयाकाश में खिली फूलों जैसी नाजुक रचनाओं को क्षत-विक्षत हालत में लिफाफे में ठूँसकर वापस लौटाना हमारे साहित्यकारों की कुंठा का प्रमुख कारण है। समाज को नेतृत्व देने वाले इस बुद्धिजीवी वर्ग की कुंठा के कारण ही समाज में हिंसा, तनाव और असन्तोष व्याप्त है। अत: सरकार को चाहिए कि आगामी बजट में साहित्यिक पत्रिकाओं को 'दैनिक' के रूप में परिवर्तित करने हेतु 'साहित्यिक सब्सिडी' की घोषणा करे, ताकि किसी रचनाकार यह न कहना पड़े—"लौट के मत आइयो रचना जी।"

प्रोटोकॉल के प्रपंच

प्रोटोकॉल का अर्थ शब्दकोश में स्वागत और सत्कार लिखा हुआ है, लेकिन वास्तव में प्रोटोकॉल अधिकारी वह अधिकारी होता है, जिसके सिर पर चौबीसों घंटे काल मँडराता रहता है, क्योंकि उसे सरकारी दामादों के स्वागत के लिए हर घड़ी खबरदार रहना पड़ता है। प्रोटोकॉल अधिकारी भले ही कन्या सुख से वंचित हो, लेकिन हर रोज़ एक नई बारात उसके दरवाज़े पर खड़ी रहती है। न जाने किस भेस में मिल जाएँगे राम की तर्ज पर प्रोटोकॉल अधिकारी की ज़िन्दगी का पूर्ण सत्य यह होता है कि न जाने कौन सी ट्रेन से टपक पड़ेगे मंत्री महान!! बाथरूम में साबुन लगाने के बाद और बेडरूम में पत्नी से प्रेमालाप प्रारम्भ करने के बाद भी कई बार उसे मंत्री जी के पी. ए. से फोन पर मंत्री जी द्वारा डिनर में ली जाने वाली सब्ज़ियों की सूची तथा उसके पश्चात हाजमे के लिए ली जाने वाली दवाइयों के नाम नोट करने पड़ते हैं।

सतरंगीलाल जी राजस्व सेवा से अपने सेवाभावी स्वभाव की वजह से पदोन्नत होकर प्रशासनिक सेवा में आए अनुभवी और सीजंड (मौसम के अनुसार रंग बदलने वाले) अधिकारी थे। प्रोटोकॉल अधिकारी का काम ऐसे ही हरफनमौला अधिकारी को सौंपा ज़ाता है, क्योंकि प्रशासनिक सेवा के वृक्ष

पर डायरेक्ट यानी सीधे-सीधे उगे हुए अनुभहीन लंगूर अपनी उछल-कूद और गरम मिज़ाजी से अकसर मत्रियों के कोप के शिकार हो लूप लाइन की अंधेरी गलियों में भटकते रहते हैं।

एक दिन अचानक हम सतरंगीलाल जी के घर पहुँचे, तो उनकी एक मंत्री के पी. ए. से फोन पर बातचीत चल रही थी । हमने जो सुना, ज्यों का त्यों प्रस्तुत कर रहे हैं:

पी. ए.— "मंत्री जी आज शाम को सात बंजे सर्किट हाउस में पहुँच रहे हैं। उनके साथ तीन रिश्तेदार और मित्र भी रहेंगे।"

सतरंगीलाल—"वेलकम सर, यह हमारा सौभाग्य होगा जो मंत्री जी के चरण हमारे ज़िले में पड़ेंगे।"

पी. ए.—"देखिए, मंत्री जी के उपवास चल रहे हैं, अतः फल-फ्रूट के सिवा और कुछ लेंगे नहीं। लेकिन याद रहे, फ्रूट में उन्हें लीची, चेरी और आम ही पसन्द है और आलूबुखार सख़्त नापसन्द। "

सतरंगीलाल—"आप फ़िक्र न करें सर! फ्रूट का तो इन्तजाम हो जाएगा। ये बताइए कि मंत्री जी दूध किसका लेते हैं? गाय का या भैंस का?"

पी. ए.—"दूध तो गाय का ही लेते हैं, लेकिन देखिएगा कि वह काले रंग की हो और उसकी जवानी की गाड़ी प्लेटफार्म छोड़ न चुकी हो। मंत्री जी के साले वैसे तो शाकाहारी हैं, लेकिन उन्हें शिमला मिर्च को छोड़ बाकी सब्ज़ियों से एलर्जी है और खाना खाने से पहले थ्री एक्स रम के केवल दो पेग लेते हैं। भई सतरंगीलाल जी! ये मंत्री जी की दूसरी बीबी के छोटे भाई हैं, इसलिए उनका ख़ास ख्याल रखिएगा।"

सतरंगीलाल—"सर, आप मझ पर छोड़ दीजिए। उनके हाथ का प्रशस्ति पत्र कल ही फोटोकॉपी करके भिजवा दूँगा। आखिर हम हैं किस काम के?"

पी. ए.— "मंत्री जी के मित्रों में आधे वेज हैं और आधे नानवेज और बाकी

बचे मिक्सवेज हैं। आप उनका 'मीनू' भी नोट कर लीजिए।''

सतरंगीलाल— ''फरमाइए हुजूर।''

पी. ए.—''नॉनवेज में लिखिए—तीतर फ्राय।''

सतरंगीलाल नोट बुक में लिखते हुए- ''तीतर फ्राय, सर। ''

पी. ए.—''चिकन रोस्ट।''

सतरंगीलाल— ''चिकन रोस्ट, सर। '' फिर कुछ याद आने पर—''सर, उनकी पसन्द मुर्गा है या मुर्गी और देशी चलेगी या फार्म की?''

पी. ए.—''देखिए, मुर्गा तो देशी ही मँगवाइएगा।''

सतरंगीलाल— ''और आपने सब्ज़ियाँ तो लिखवाई ही नहीं सर!

पी. ए.—''देखिए, सब्ज़ियाँ ज्यादा मत बनवाइएगा। केवल बैंगन का कोरमा, शिमला मिर्च का भुर्ता, लोकी का सूप, मटर बीथ, शलजम और दो-तीन मौसमी सब्ज़ियाँ बनवा लीजिएगा।''

सतरंगीलाल—''सर! सर! ''

इतने में लाइन कट गई और हम उनके ड्राइंगरूम में प्रविष्ट हुए। हमने कहा—''सतरंगीलाल जी, इस प्रकार की नौकरी करते हुए आपके आत्मसम्मान को चोट नहीं पहुँचती।''

कहने लगे— ''हमारी आत्मा आपके समान बाहर नहीं लटकती रहती। आत्मा हमारे शरीर के अन्दर सात तालों में बन्द रहती है इसलिए चोट पहुँचने का प्रश्न ही नहीं है।''

मैंने कहा— ''लेकिन इतनी सेवा के बाद भी अकसर आप मंत्री और उनके छुटभइयों की लानत-मलामत सुनते रहते हैं। बुरा नहीं लगता?''

कहने लगे—''देखिए, बुरा मानना मैंने बारह साल पहले ही बन्द कर दिया है। मुझे मालूम है कि आप दो दिन के पहले की छोटी घटना रूपी राई का पहाड़ बना रहे हैं।''

मैंने कहा—"अच्छा भाई! इतने लोगों के बीच आपको मंत्री जी ने बाथरूम में रखे हुए साबुन का साज छोटा होने के लिए फटकारा और आप इसे छोटी घटना कहते हैं? बाथरूम में साबुन रखना क्या आपके कर्तव्यों में शामिल है?"

कहने लगे—"अरे यार, मंत्री जी के पी. ए. ने 'नीम' साबुन नोट करवाया था। पूरे बाज़ार में कहीं नीम नहीं मिला, इसलिए हमने नीलकमल रखवा दिया। मंत्री जी को केवल साइज सूट नहीं की। अगर उन्हें नीम की याद आ जाती, तो शामत ही आ जाती। आपको मालूम नहीं, एक बार तौलिया फुल साइज़ का न होने पर मंत्री जी एक कमिश्नर के पीछे हाथ धोकर पड़ गए थे और एक वी. आइ. पी. की विज़िट में अनार कड़वा निकलने पर कलेक्टर का ट्रांसफर ऐसे स्थान पर हो गया, जहाँ फ्रूट के नाम पर केवल देशी आम मिलते थे।"

सतरंगीलाल जी हमारे सहयोगी अफसर थे और डेल कारनेगी की 'हाउ टू विन फ्रेंड्स एंड इंफ्लूएंस पीपुल' नामक किताब को उन्होंने जीवन में शब्द दर शब्द उतार लिया था। इसलिए वे एक सफल प्रोटोकॉल अफसर के रूप में विख्यात थे। हम प्यार से उन्हें 'इंतज़ाम अली' कहा करते थे और वे इस बात का बुरा भी नहीं मानते थे। उनके फोन की और दरवाजे की घंटी को औसत नकचढ़ी पत्नियों के समान 'घनघनाने' से फुर्सत नहीं मिलती थी। कभी-कभी तो घंटी बजने पर सतरंगीलाल जी दिग्भ्रमित हो जाते थे और फोन की घंटी बजने पर दरवाज़े की ओर लपक जाते थे।

माननीय मंत्री और आला अफसर सतरंगीलाल जी के लिए 'सरदर्द' थे, तो ज़िले के ज़िला प्रशासन से बाहर के सभी अफसर उनके फोन को यमदूत की पदचाप से कम नहीं समझते थे, क्योकि सतरंगीलाल जी उर्फ इंतज़ाम अली अकसर वाहन अधिग्रहण आदेश के माध्यम से उच्चपदस्थ लोगों की सेवा के लिए ज़िला स्तरीय अधिकारियों की 'जीप' छीनने का दुष्कर्म किया करते। अधिकांश अफसर जीप को अपनी प्रियतमा या पत्नी मानते हैं, अतः उससे कुछ दिनों के वियोग की कल्पना मात्र से इतने दुखी हो जाते थे कि सतरंगीलाल

रूपी दुश्शासन उनकी जीप रूपी साड़ी को उतार ले, उसके पूर्व ही वे काल्पनिक भ्रमण पर निकल जाते अथवा अच्छी-भली गाड़ी के चार स्क्रू ढीले कर झूठमूठ बीमार करवा के किसी गैरेज में खड़ी करवा देते थे। लेकिन सतरंगीलाल जी 'वाहन अपहरण' के विशेषज्ञ माने जाते थे और कभी प्रेम से तो कभी पुलिस की मदद से वाहन उड़वाकर मंत्री जी की सेवा में पेश कर देते थे।

सतरंगीलाल जी की कृपा-दृष्टि अकसर मछली, कृषि, पशुपालन, शिक्षा जैसे जीर्ण-शीर्ण विभागों के वाहनों पर पड़ती थी। ग़रीब की जोरू सबकी भाभी के सिद्धांत पर इन विभागों के वाहन अकसर सतरंगीलाल जी के बंगले की शोभा बढ़ाते रहते थे, किंतु वन, लोक निर्माण और सिंचाई जैसे उच्चस्तरीय संपर्कों वाले विभागों के वाहन सतरंगीलाल जी की पकड़ से बाहर रहते। हाँ, उन्हें इस बात का संतोष था कि वी. आई. पी. की विज़िट के समय इस प्रकार की पतिव्रता जीपों के साथ भी छेड़छाड का सुअवसर उन्हें प्राप्त होता था और अच्छे-अच्छे घाघ अफसर अपनी जीप रूपी पत्नी को मुक्त करवाने के लिए सतरंगीलाल के दरबार में हाथ जोड़े खड़े रहते मिलते।

आम चुनाव भी ऐसा ही एक सुअवसर होता है, जब मुल्क के मालिकों का फैसला मतपेटियों में बंद करने के महायज्ञ के इंतज़ाम के लिए सतरंगीलाल जी ज़िले के समस्त वाहनों के स्वामी बन बैठने सुख उठाया करते हैं।

सतरंगीलाल जी सब्र का समंदर और धैर्य के धवल शिखर थे। रात को एक बजकर चालीस मिनट पर अपने को राज्य मंत्री का सगा छोटा भाई बताने वाले किसी छुटभइए के के लिए वे स्वयं जाकर सर्किट हाउस में रूम खुलवा देते थे। सर्किट हाउस के चौकीदार के संजय दत्त प्रेमी होने के कारण चोली के पीछे क्या है की खोजबीन में व्यस्त रहने पर वे मंत्री सखा के लिए बिस्तर लगाने से लेकर कछुवा जलाने तक के काम कर देते थे। एक बार आधी रात को एक वी. आई. पी. के पी. ए. ने सर्किट हाउस में कम्बल की क्वालिटी पर शोर-शराबा मचाकर सीधे प्रधानमंत्री तक शिकायत करने की धमकी दी, तो

सामूहिक बलात्कार तक लोकप्रिय हो गए और सामूहिक वर-वधू दर्शन परिचय सम्मेलन के नाम से प्रसिद्ध हो गए।

परिचय सम्मेलन की लोकप्रियता पिछले कुछ सालों से 'स्टार और जी टी. वी.' की तरह बढ़ रही है। विभिन्न समाजों के मध्य परिचय सम्मेलन आयोजित करने की होड़ मची हुई है। यह देख हमारे मन में भी परिचय सम्मेलन में शामिल होने की इच्छा हिलोरें मारने लगी। हमारे कस्बाई शहर में युवक-युवती परिचय सम्मेलन की घोषणा होते ही हम एक युवा साहित्यकार मित्र के चाचा का भेस धारण कर परिचय सम्मेलन के पंडाल में पहुँच गए।

परिचय सम्मेलन का दृश्य अत्यन्त मनभावन था। चारों तरफ बनारसी साड़ियों और चमचमाते सूटों और टाइयों की बहार थी। सेंट की खुशबू से सारा पंडाल महक रहा था। पंडाल के बीचोंबीच एक मंच बना हुआ था, जिस पर समाज अध्यक्ष और समाज के अन्य ठेकेदार विराजमान थे। अध्यक्ष का उद्‌बोधन चल रहा था—"समाज के विवाह योग्य कन्याओं के पिताओं की भारी डिमांड को देखते हुए इस वर्ष हम तीसरी बार यह आयोजन कर रहे हैं। पिछली बार लेन-देन को ले के कुछ झगड़े हुए थे। उसे देखते हुए हमने कल रात बैठक लेकर विभिन्न श्रेणियों के 'वरों' की दरें निर्धारित कर दी हैं। अतः सभी समाज बन्धुओं से निवेदन है कि वे इन दरों के अनुरूप ही लेन-देन कर समाज की एकता को बनाए रखें। समाज द्वारा निर्धारित दरों में मोलभाव करने वाले या इससे अधिक राशि ब्लेक में माँगने वाले समाज द्वारा दंडित होंगे।"

मैं समाज अध्यक्ष की इन खरी-खरी बातों से प्रभावित हुआ और पंडाल में अपने कामचलाऊ भतीजे के साथ इधर-उधर घूमने लगा। एक सज्जन से पूछा—"इस परिचय सम्मेलन में सब रिजेक्टेड पीस क्यों नज़र आ रहे हैं।"

उन्होंने गोपनीय अन्दाज़ में कान में कहा—"जिस तरह साड़ियों की और पुरानी गाड़ियों की 'सेल' लगती है, उसी तरह यह हर जगह से ठुकराए हुए

सतरंगीलाल जी ही थे जिन्होंने अपनी बेटी की शादी में देने के लिए मंगाए गए आयतित स्पेनिश कमबलन को पी. ए. साहब को समर्पित कर ज़िले में 'कम्बल कांड' घटित होने से रोका था। उनकी इसी त्याग और सेवा भावना की चर्चा संपूर्ण सिविल लाइन में थी और मीडिया के नौकरशाही के प्रति पूर्वाग्रहों के कारण यद्यपि वे मदर टेरेसा के समान ख्याति प्राप्त नहीं कर पाए, किंतु उनमें और मदर टेरेसा में उन्नीस-बीस का ही अन्तर था। उनकी इसी सेवा-भावना के कारण उनके ज़िले में भ्रमण करने वाले किसी मंत्री या आला अफसर को खाना खाते हुए सब्ज़ी निकालने के लिए चमचे को हाथ लगाने का परिश्रम नहीं करना पड़ा है।

नेपोलियन के अनुसार 'असम्भव' शब्द केवल अनुभवहीन अधिकारियों के शब्दकोश में ही पाया जाता है, किंतु सतरंगीलाल जी के अनुसार 'नो' शब्द केवल अनुभवहीन अधिकारियों के शब्दकोश में ही पाया जाता है, इसलिए 'यस सर' उनका तकिया कलाम था। किसी वी. आई. पी. ने कभी आसमान के तारे तोड़ लाने की फरमाइश की, तो उस पर भी सतरंगीलाल जी यहीं कहेंगे—"यस सर, कुछ देर लगेगी, लेकिन काम हो जाएगा। मैं अभी इंसेट बी वालों से बात कर लेता हूँ और अपने इंडियन लोगों से काम न बना तो 'नासा' में मेरे साले का छोटा साला कार्यरत है। आप बिलकुल फ़िक्र न करें। मैं अभी इंतजाम करता हूँ।"

सतरंगीलाल जी की इसी हिकमत अमली के कारण प्रोटोकॉल के प्रपंच प्रशासनिक सेवा में पंचतंत्र की कहानियों के समान लोकप्रिय हैं और स्वयं सतरंगीला जी के शब्दों में—

प्रोटोकॉल निभाते हुए उधड़ जाती है अधिकारी की खाल।
रोज गालियाँ खाने को मिले, नहीं मिलता है कोई माल॥
सर्किट हाउस तीरथ भैया, दौड़ते भागते बिगडी चाल ।
धन्यवाद किसी ने कहा नहीं, प्रोटोकॉल है जी का जंजाल॥

परिचय सम्मेलन की सेल में

पहले प्रथम रात्रि को ही होता था। उसमें अद्भद्दत रोमांच रहता था। घूँघट उठाने पर किसी की लाटरी निकल आती थी और कोई किस्मत का मारा अपने माँ-बाप के दृष्टिदोष पर करुण विलाप कर उठता था। उसके बाद तरक्की हुई, तो गांधी युग में माँ-बाप की उपस्थिति में ड्राइंगरूम में चाय-नाश्ते पर प्रायोजित परिचय होने लगे। आज़ादी के बाद घर के बाहर बगीचे में या चिड़ियाघर में कन्या की भाभी, चाची या बड़ी बहन की देखरेख में परिचय की रस्म अदा होने लगी। उसके बाद कुछ दिनों तक वैवाहिक विज्ञापनों की धूम रही और वधू स्वयं पत्र-व्यवहार करे का आग्रह रखने वाले कुछ लोग पोस्टमेन के माध्यम से परिचय प्राप्त करने लगे, किन्तु जिस तरह आधी कीमत में ट्रांजिस्टर पाइए के विज्ञापनों पर विश्वास करने वाले अपने घरों में लकड़ी का खाली खोखा प्राप्त कर पछताते हैं, उसी तरह वैवाहिक विज्ञापनों में भी ऊँची दुकान फीका पकवान के कई हिस्से प्रकाश में आने के बाद उसका बुखार कम होने लगा। भारतीय समाज की एक विशेषता है कि यहाँ एक चीज़ का

प्रारम्भ हुआ, तो सामूहिक विवाह से लेकर सामूहिक बलात्कार तक लोकप्रिय हो गए और सामूहिक वर-वधू दर्शन परिचय सम्मेलन के नाम से प्रसिद्ध हो गए।

परिचय सम्मेलन की लोकप्रियता पिछले कुछ सालों से 'स्टार और जी टी. वी.' की तरह बढ़ रही है। विभिन्न समाजों के मध्य परिचय सम्मेलन आयोजित करने की होड़ मची हुई है। यह देख हमारे मन में भी परिचय सम्मेलन में शामिल होने की इच्छा हिलोरें मारने लगी। हमारे कस्बाई शहर में युवक-युवती परिचय सम्मेलन की घोषणा होते ही हम एक युवा साहित्यकार मित्र के चाचा का भेस धारण कर परिचय सम्मेलन के पंडाल में पहुँच गए।

परिचय सम्मेलन का दृश्य अत्यन्त मनभावन था। चारों तरफ बनारसी साड़ियों और चमचमाते सूटों और टाइयों की बहार थी। सेंट की खुशबू से सारा पंडाल महक रहा था। पंडाल के बीचोंबीच एक मंच बना हुआ था, जिस पर समाज अध्यक्ष और समाज के अन्य ठेकेदार विराजमान थे। अध्यक्ष का उद्‌बोधन चल रहा था—"समाज के विवाह योग्य कन्याओं के पिताओं की भारी डिमांड को देखते हुए इस वर्ष हम तीसरी बार यह आयोजन कर रहे हैं। पिछली बार लेन-देन को ले के कुछ झगड़े हुए थे। उसे देखते हुए हमने कल रात बैठक लेकर विभिन्न श्रेणियों के 'वरों' की दरें निर्धारित कर दी हैं। अतः सभी समाज बन्धुओं से निवेदन है कि वे इन दरों के अनुरूप ही लेन-देन कर समाज की एकता को बनाए रखें। समाज द्वारा निर्धारित दरों में मोलभाव करने वाले या इससे अधिक राशि ब्लेक में माँगने वाले समाज द्वारा दंडित होंगे।"

मैं समाज अध्यक्ष की इन खरी-खरी बातों से प्रभावित हुआ और पंडाल में अपने कामचलाऊ भतीजे के साथ इधर-उधर घूमने लगा। एक सज्जन से पूछा—"इस परिचय सम्मेलन में सब रिजेक्टेड पीस क्यों नज़र आ रहे हैं।"

उन्होंने गोपनीय अन्दाज़ में कान में कहा—"जिस तरह साड़ियों की और

पुरानी गाड़ियों की 'सेल' लगती है, उसी तरह यह हर जगह से ठुकराए हुए वर-वधुओं का मेला है। समाज में जितने एवन 'पीस' होते हैं, उन्हें तो ग्रीन कार्ड होल्डर ले जाते हैं। कुछ स्कूल कॉलेज में पढ़ते हुए ही कामदेव के तीर का शिकार होकर परिणय सूत्र में बँध जाते हैं। ए क्लास के बाकी पीस आई. ए. एस.,आई. पी. एस., इंजीनियर, डॉक्टर तथा दो नम्बर की कमाई वाले ले उड़ते हैं। दोयम दर्जे की चीज़ें मिल-मालिकों के पुत्रों , कॉलेज के व्याख्याताओं इत्यादि के नसीब में लिखी होती हैं और थर्ड ग्रेड की बची-खुची चीज़ें इस परिचय सम्मेलन की सेल में बिकने आती हैं। इन्हें टटपूंजिया व्यापारी, शिक्षक, बाबू इत्यादि ग्रहण करते हैं।"

मैं परिचय सम्मेलन की इस नई व्याख्या से काफी प्रभावित हुआ। आगे बढ़ा, तो एक सज्जन ने मुझे पकड़ लिया और कहने लगे—"आप हमारी कन्या को देख लीजिए, आपके साथ उसकी जोड़ी बिल्कुल फिट रहेगी।"

मैंने कहा—"आपको ग़लतफहमी हो गई है, श्रीमान! मेरे दो लड़के हैं, जिनकी उम्र का योग एक दूल्हे के बराबर होता है।"

उन्होंने कहा—"चलेगा! चलेगा!!"

मैं घबराया। मैंने कहा—"क्या आप चाहते हैं कि मेरे दो पुत्रों का विवाह आपकी एक कन्या से कर दिया जाए?"

सज्जन कहने लगे—"नहीं! आपके दो पुत्र हैं, तो भी हमें कोई आपत्ति नहीं है। हमारी पुत्री के भी दो विवाह टूट चुके हैं। एक ने आत्महत्या कर ली और दूसरा तीन साल से लापता है।"

यह सुनकर मैं सर पर पैर रखकर भागा, तो पंडाल के दूसरे कोने में जाकर ही दम लिया। वहाँ भी शेयर बाजार जैसी भीड़-भाड़ और चिल्ल-पों मची हुई थी। कोई अपने खोटे सिक्के के गुण गा रहा था, तो कोई अपनी ऐंड-बेंड मोटर स्टेंड टाइप कन्या को श्रीदेवी सिद्ध करने पर तुला हुआ था। कोई कोई कसाई की भाँति कन्या को इस तरह घूर रहा था जैसे विवाह करने के बजाय

काट खाने का इरादा रखता हो। कहीं जन्मपत्रियाँ मिलाई जा रही थीं, तो कहीं संबंध पक्का होने पर मिठाइयाँ खिलाई जा रही थीं। इन सबके बीच एक सज्जन ने मेरा ध्यान खींचा, जो एक टेबल पर अपनी दुकान सजाए आसपास खड़ी भीड़ को कुछ समझा रहे थे। मैं पास गया तो देखा कि टेबल पर एक छोटे बँगले का मॉडल, एक छोटी खिलौना कार और फ्रिज से लेकर टी. वी. तक की सभी गृह-उपयोगी चीज़ों के मॉडलों की नुमाइश लगी हुई थी। मैंने पूछा—"ये सब क्या है?"

कहने लगे—"हम जो सामान दहेज में देने जा रहे हैं, उन सबको मॉडलों के माध्यम से प्रदर्शित कर रहे हैं।"

मैंने कहा—"लेकिन आपकी कन्या कहाँ है, जिसके साथ ये सारा समान दिया जाएगा।"

कहने लगे—"उसका भी मॉडल देख लीजिए।"

मैंने देखा, एक सजी-धजी बड़ी साइज की गुड़िया रखी हुई थी। मैं सोच में पड़ गया। तभी एक सज्जन कान में फुसफुसाए—"भैया, मॉडल देखकर धोखा मत खाना! कन्या साक्षात अमावस्या है। इसीलिए मॉडल से काम चलाया जा रहा है।"

इतने में मेरा कामचलाऊ साहित्यकार भतीजा मेरे पास आया और बोला—"मैंने एक सुकन्या पसन्द की है। कृपया आप भी उसका दर्शन लाभ प्राप्त कर मेरी पसन्द पर अनुमोदन की मोहर लगा दीजिए।"

मैंने उसके साथ जाकर देखा। कन्या ठीक-ठाक थी। खानदान भी ठीक था। उसका बाप एक बार रिश्वत लेने के आरोप में पकड़ा गया था, किन्तु न्यायालय से निर्दोष छूट गया था। मेरे मित्र ने कान में पूछा—"इस रिश्वतखोर की बेटी से विवाह करने के कारण मेरी साहित्यिक सम्भावनाओं पर विपरीत प्रभाव तो नहीं पडेगा।"

मैंने कहा—"बिल्कुल नहीं! हिन्दुस्तान में आरोपों से तो कोई भी बचा नहीं है। सभी बड़े-बड़े लोग सन्देह के घेरे में हैं। इसलिए न्यायालय ने जिसे निर्दोष माना है, वह बेकसूर ही होगा।"

मैंने सोचा कि फर्ज़ी जमानतदार न्यायालय में पेश करने वाले और पार्ट टाइम में कविताएँ लिखने वाले ब्रिकलेस लायर के लिए जोड़ी बुरी नहीं है। बात करीब-करीब तय हो गई। उसी समय मेरे मित्र ने पूछा—"मैं आपकी कन्या से कुछ प्रश्न पूछूँ, तो आपको कोई एतराज तो नहीं होगा?"

बाप ने कहा—"नहीं, आप जो चाहे पूछिए। बेबी ने इतिहास में एम. ए. किया है।"

मैंने उसे मना किया—"प्रश्न पूछना ख़तरे से खाली नहीं होगा।"

उसने कहा—"क्यों?"

मैंने कहा—"तुम आज एक प्रश्न पूछोगे, फिर जिन्दगी भर तुम्हारे ऊपर प्रश्नों की बौछार होती रहेगी।"

लेकिन वह नहीं माना और पूछ बैठा—'आपने इतिहास में एम. ए. किया है, तो यह बताइए कि मुग़ल काल में आपको किस व्यक्तित्व ने सबसे ज़्यादा प्रभावित किया है?"

कन्या ने थोड़ी देर चिन्तन की मुद्रा बनाई और कहा—"मुझे तो ताजमहल ने ज़्यादा प्रभावित किया है।"

जवाब सुनकर मेरा साहित्यकार मित्र जो भागा तो आज तक मुझे नहीं मिला है। सुना है कि मुग़लकालीन इमारतों में पागल-सा भटक रहा है। इस तरह हम परिचय सम्मेलन की सूल से केवल अनदेखे परिचय की अविस्मरणीय यादें लिए लौट के बुद्धू घर को आए के स्टाइल में लौट आए।

वोटर लिस्ट में ग़ालिब और निराला

ग़ालिब और निराला ने सोचा भी नहीं होगा कि इस प्यारे हिन्दुस्तान में उनका पुनर्जन्म होगा और वह भी मध्यप्रदेश के किसी शहर की वोटर लिस्ट में। निश्चित रूप से ग़ालिब और निराला दोनों को अपने जीवन काल में मध्यप्रदेश आने का सौभाग्य प्राप्त नहीं हुआ होगा, किन्तु यहाँ की शासकीय मशीनरी के साहित्य प्रेम के कारण उनका नाम यहाँ मतदाता के रूप में दर्ज हैं। इस नेक कार्य में मेरा भी महत्वपूर्ण योगदान है, जिसका मुझे गर्व है।

हुआ यूँ कि सरकार ने मतदाता सूचियों के गहन पुनरीक्षण का काम हाथ में लिया और शासकीय कर्मचारियों ने घर-घर जाकर भारत के जनतंत्र के जंगल में पौधे से वृक्ष बने हर एक व्यक्ति का नाम दर्ज करना प्रारम्भ किया और अपने मोहल्ले के कई ऐसे नाशुक्रे लोगों का नाम काट भी दिया, जो आते-

जाते उन्हें सलाम नहीं करते थे या इतने गरीब थे कि मतदान केन्द्रों पर ठीक-ठाक कपड़े पहनकर जाने की औकात नहीं रखते थे। साधारणत: दाता या दानियों की सूची दानांकांक्षी उर्फ चन्दाखोर लोग बनाते हैं, किन्तु मतों के दान के लिए हमारी सरकार बहादुर मतांकांक्षी लोगों को बिना कोई कष्ट दिए दानदाता (मतदाता) सूची से लेकर दानपत्र (मतपत्र) और दानपेटी (मतपेटी) तक सबकी व्यवस्था कर देती है।

बहरहाल मतदाता सूची के अन्तिम प्रकाशन के बाद मैंने यह देखने के लिए अपने वार्ड की मतदाता सूची का गहन अध्ययन प्रारम्भ किया कि मतदाता सूची में मेरा नाम सही-सलामत है कि नहीं। अभी अपना नाम तो खोज नहीं पाया था कि मतदाता सूची में दो नाम देखकर मैं उछल पड़ा। पहला नाम था सूर्यकांत त्रिपाठी निराला, पु. उम्र 87 वर्ष और दूसरा नाम था मिर्जा असदुल्ला खाँ ग़ालिब पु., आयु 50 वर्ष। पल भर के लिए मैं चकरा गया कि हिन्दुस्तान के साहित्याकाश के इन दो सितारों ने क्या मध्यप्रदेश में पुर्नजन्म तो नहीं लिया? फिर दिमाग़ के संवेगों पर काबू पाया। ऐसा कैसे हो सकता है? लेकिन ये हुआ कैसे? किसने इन दो स्वर्गीय बुजुर्गों को चिरनिंद्रा से जगाकर भारत के जनतंत्र में 'मुल्क का मालिक' बनाने का पवित्र कार्य किया?

खोजबीन प्रारम्भ हुई और साहू बाबू जी को बुलाया गया, जिसे घर घर जाकर मतदाताओं से सम्पर्क कर मतदाता सूची के पुनरीक्षण का काम सौंपा गया था।

मैंने कहा—"निराला जी और ग़ालिब साहब से आपकी मुलाकात कब हुई?"

कहने लगे—"ये कोन हैं, मैं जानता नहीं।'

"फिर मतदाता सूची इनका नाम क्यों दर्ज किया गया?"

"सर दरअसल बात यह है कि मुझे यादव बाबू ने बताया था कि ये दोनों

गणमान्य नागरिक हैं और बड़े साहित्यकार भी हैं और आपके मित्र भी।''

मैंने कहा—''भई साहू बाबू, मतदाता सूची में तो नाम के साथ पता भी देना पडता है? आपने निराला जी का पता क्या लिखा है?''

''सर, आपके घर के सामने जो बड़ा बंगला है न, उसी का पता दिया है।''

मेरा सिर घूमने लगा। मेरे घर के सामने बँगले में एक वयोवृद्ध साहित्यकार रहते हैं और उनका नाम भी त्रिपाठी है, किन्तु उनका स्वर्गीय सूर्यकांत त्रिपाठी निराला से कहीं दूर दराज़ का भी रिश्ता नहीं है।

मैने कहा—''यह पता आपको किसने बताया?''

कहने लगे—''सर यादव बाबू ने ही बताया था। शहर के गणमान्य नागरिकों की सूची यादव बाबू ही बनाते हैं और उसी सूची के आधार पर मैंने इन दानों गणमान्य नागरिकों के नाम और पते मतदाता सूची में जोड़ दिए। इसमें ग़लती क्या है, समझ में नहीं आता है।''

मैंने कहा—''लेकिन आपको जाकर व्यक्तिगत रूप से जाँच-पड़ताल तो करनी थी।''

''मैं गया था सर, मगर बँगले पे बड़ा सा ताला लटक रहा था। मैंने सोचा साहित्यकार हैं, कहीं कविता-वविता पढ़ने गए होंगे। सर, दरअसल बात यह है कि पिछले चुनाव के समय कुछ गणमान्य नागरिकों के नाम मतदाता सूची में छूट गए थे, जिसके कारण मुझे निलम्बित कर दिया गया था। इसलिए मैंने विशेष सावधानी बरती कि इन साहित्यकारों के नाम नहीं जोड़ूगा, तो आप नाराज़ हो जाएँगे और मुझे फिर से निलम्बन की सज़ा भुगतनी पड़ेगी। सो, इन सज्जनों से मुलाकात किए बिना ही मैंने इनके नाम सूची में जोड़ दिए।''

अब यह रहस्य था कि जगदलपुर शहर के गणमान्य नागरिकों की सूची में मरहूम ग़ालिब और निराला कौन से गुप्त द्वार से प्रविष्ट हुए? तुरन्त यादव बाबू को बुलाया गया।

मैने कहा—"यादब बाबू, ये सूर्यकांत त्रिपाठी निराला और ग़ालिब के नाम गणमान्य नागरिकों की सूची में कैसे जुड़ गए, जबकि इन महापुरुषों को स्वर्ग सिधारे कई साल बीत चुके हैं?"

"क्या बात कर रहे हैं, सर! ये दोनों सज्जन अभी दो महीने पहले तो आपके चेम्बर में बैठे चाय पी रहे थे और आप ही ने तो कहा था कि यादव बाबू त्रिपाठी और ग़ालिब सा'ब दानों वरिष्ठ साहित्यकार हैं और गणमान्य नागरिकों की सूची बनाते समय इन्हें भूल न जाना। सर, मैंने अक्षरशः आपके आदेश का पालन किया है। मुझे भी साहित्य का शौक है। सिर्फ बाबू भर नहीं हूँ। मैं भी कविताएँ लिखता हूँ। सूर्यकांत त्रिपाठी निराला को कौन नहीं जानता। मैंने सातवीं क्लाास में उनकी कविता 'वर दे वीणावादिनी वर दे' पढ़ी थी। ग़ालिब साहब का नाम मैंने भी बहुत सुना है। इश्क-मुश्क पर बहुत अच्छे-अच्छे शेर लिखते हैं। एक शेर आप भी सुनिए सर—

इश्क हे वो आतिस ग़ालिब

जो जल जाये तो जलता ही रहे "

मैंने कहा—"वाह यादव बाबू, मुझे तो आज मालूम हुआ कि तुम साहित्य में इतनी गहरी पैठ रखते हो!! लेकिन ग़ालिब साहब का पूरा नाम आपको कैसे पता चला?

"सर मुझे उनका पूरा नाम मालूम नहीं था, इसलिए खान बाबू से पूछकर लिखा था।"

यह सुनते ही सारा घटनाचक्र मेरे सामने घूम गया। मध्यप्रदेश के वयोवृद्ध साहित्यकार सुन्दरलाल त्रिपाठी जी और शायर ग़ालिब साहब एक बार मुझसे मिलने आए थे और मैंने ही यादव बाबू को उनके नाम गणमान्य नागरिकों की सूची में जोड़ने को कहा था। मेरे "इन वरिष्ठ साहित्यकारों को जानते तो हो" पूछने पर यादव बाबू ने अपने साहित्य प्रेम का प्रदर्शन करते हुए कहा था—

"इन्हें कौन नहीं जानता, सर!"

मैं आश्वस्त हो गया था और बाद में यादव बाबू ने अपनी उर्वर कल्पना शक्ति और साहित्य के सम्पूर्ण-कचरे ज्ञान का प्रयोग करते हुए त्रिपाठी जी को सूर्यकांत त्रिपाठी निराला बना दिया और शायर गालिव को मिर्ज़ा ग़ालिब बना दिया था। उनकी आयु वोटर लिस्ट बनाने वाले बाबू ने अपनी कल्पना-शक्ति से दर्ज कर दी। अब मेरे पास माथे के बाल नोचने के सिवा कोई चारा नहीं था, किन्तु एक अनुभवी अफ़सर होने के नाते मैंने गंजा होने से बचने के लिए ऐसा कुछ नहीं किया और मन-ही मन महान नौकरशाही को प्रणाम करते हुए गुनगुनाने लगा—

सरकारी दफ्तरों में अदब का अजीब एहतराम देखा।

नई वोटर लिस्ट में निराला और ग़ालिब का नाम देखा।

छत टपकने का अन्तर्राष्ट्रीयकरण

जब सुबह-सुबह हमारे मकान मालिक 'जलप्रसाद जी' अपनी भैंस छाप काया और बकरा छाप दाढ़ी के साथ हाथ में मिठाई का डिब्बा लेकर मकान में प्रवेश द्वार से प्रविष्ट हो रहे थे, तब मैंने सोचा कि महाशय महँगाई भ्त्ता बढ़ने की ख़बर अख़बार में पढ़ अपना मकान किराया बढ़ाने की फिराक में आ धमके हैं। उनके हाथ में अख़बार दबा हुआ देखकर मेरी आशंका की गाड़ी सारे सिग्नल तोड़कर ख़तरे की घंटी बजाती प्लेटफार्म पर प्रविष्ट हो गई और मैं सोचने लगा कि किस तरह इस बला को टालूँ। लेकिन मेरी सम्पूर्ण सोच को छिन्न-भिन्न करती उनकी आवाज़ कानों से टकराई—"बधाई हो साहब जी! लीजिए, मिठाई खाइए।"

मैंने कहा—"बधाई किस बात की?"

"आपने आज का अख़बार नहीं पढ़ा?"

बचपन से बिना किसी प्रयत्न के अर्जित झूठ विद्या में अपनी अभिनय कला का सम्मिश्रण करते हुए मैने कहा—"कड़की के मारे मैंने दो महीनों से

अख़बार खरीदना बन्द कर दिया है।"

जलप्रसाद जी कहने लगे—"आप रोज़ छत टपकने की शिकायत लेकर मेरे घर पर आ धमकते थे, इसलिए आपको एक ख़बर पढ़वाने के लिए आया हूँ।" यह कहकर उन्होंने अख़बार मेरे समाने फैलाया। खेल पृष्ठ पर बड़े-बड़े अक्षरों में शीर्षक था—'छत टपकने से विश्व कप बैडमिंटन प्रतियोगिता में व्यवधान'।

पूरी ख़बर पढ़कर सन्न रह गया, किन्तु जलप्रसाद जी आज विजयोल्लास मनाने के मूड में थे। कहने लगे—"जब अन्तर्राष्ट्रीय स्तर की खेल प्रतियोगिता का हॉल टपक सकता है और कुछ दिनों पहले 'ताजमहल' भी टपक रहा था, तब इस नाचीज़ के मकान टपकने पर कम से कम आपको तो एतराज नहीं होना चाहिए।"

मैंने कहा—"जब टपक रहा है वर्ल्ड कप बैडमिंटन का हॉल तो निश्चित ही हमारा मकान रहेगा बेहाल।"

मेरी इस बात से प्रसन्न होकर वे यह कहते हुए आगे बढ़े कि इस खुशख़बरी को मोहल्ले के सभी मकान-मालिकों को सुनाना है और मकान मालिक संघ की ओर से इस छत टपकने की घटना का स्वागत करने हुए प्रेस विज्ञप्ति भी जारी करनी है।

उनके जाने के बाद मैंने अपने घर की दीवारों पर गम्भीर दृष्टि डाली, तो मुझे वहाँ जगह-जगह रिसने से बने हुए अमूर्त चित्रकला के नमूने दृष्टिगोचर हुए। कुछ कोलाज भी नज़र आए। पहले वे मुझे बदनुमा दाग़ नज़र आते थे, किन्तु मकान मालिक की सहायता से ज्ञान-चक्षु खुलने के बाद से मैंने उसमें मकबूल फिदा हुसैन के कला-संसार की संभावनाएँ टटोलीं। छत टपकने की इस अन्तर्राष्ट्रीय अनुगूँज के बारे में सोचते-सोचते मैं कल्पना-लोक में विचरण करने लगा और दिल्ली में वर्ल्ड कप बैडमिंटन प्रतियोगिता के उस हॉल में जा पहुँचा, जहाँ अभी तक छत होले-होले टपक रही थी।

मैंने देखा कि खेल रुका हुआ है और देशी-विदेशी सारे खिलाड़ी और दर्शक एकटक टपकती हुई छत को देख रहे हैं मानो किसी 'मिनी' जल प्रप्रात को निहार रहे हों। मैने देखा कि इंडोनेशिया के विश्वविख्यात खिलाड़ी एलन बुडी कुसुमा अपनी प्रेमिका इंडोनेशिया की ही सुश्री सुसी सुसांति के साथ टपकती हुई छत के नीचे खड़े होकर गाना गा रहे थे—"बरसात में हमसे मिले तुम... बरसात में ... " इस प्रकार टपकती हुई छत ने इन युवा प्रेमियों को खेल के हॉल में भी सावन ऋतु का आनन्द दिया। यह महान भारत भूमि पर ही सम्भव था। इससे साहित्य में 'खेल शृंगार' नामक एक नए आयाम से जुड़ने की सम्भावनाएँ भी जागी हैं।

इसी बीच इस खेल आयोजन समिति के अध्यक्ष वहाँ आ पहुँचे। उनको देखते ही वहाँ उपस्थित पत्रकारों ने अपनी पुरानी आदत के अनुसार असुविधाजनक प्रश्नों के गोले दागने प्रारम्भ कर दिए। लेकिन अध्यक्ष महोदय तनिक भी विचलित नहीं हुए। उन्होंने कहा—"आप लोग इसे 'राष्ट्रीय शर्म' की घटना बनाकर नाहक ही शरमा रहे हैं। वास्तव में यह हमारे देश की लोकतंत्र की महान परम्परा का स्पष्ट प्रमाण है। हमारा देश एक खुली किताब है। हम अपने विदेशी मेहमानों से कुछ भी छिपाना नहीं चाहते। हमारे यहाँ करीब-करीब हर मकान टपकता है, सरकारी मकान टपकते हैं, अस्पताल टपकते हैं, शालाएँ टपकती हैं और ग्रामीण क्षेत्र की शालाएँ तो इतनी टपकती हैं कि हम उसके कमरों में तैराकी प्रतियोगिताओं का आयोजन करते हैं। तब इस बैडमिंटन हॉल की छत टपकने से आसमान टपकने वाला नहीं है। हम अपने विदेशी मित्रों को हस हॉल में ही सम्पूर्ण भारत के दर्शन करवाना चाहते थे और हमें प्रसन्नता है कि हम इस उद्देश्य में सफल हुए हैं।'

"छत टपकने की इस घटना से दूसरा लाभ यह हुआ है कि हमारे देश के जो 'बैडमिंटन खिलाडी' यहाँ खेल रहे हैं, वे सभी अंग्रेज़ी स्कूलों से पढ़कर आए हैं, जहाँ छत टपकती नहीं है। जिन शालाओं में छत टपकती है, वहाँ के

विद्यार्थी बैडमिंटन नहीं खेलते। वे लोग कबड्डी और खो-खो खेलकर ही दिल बहला लेते हैं और वे लोग ज़िला स्तर या ज़्यादा से ज़्यादा अपने राज्य की राजधानी तक ही पहुँच पाते हैं। ऐसे हालात में हमारे बैडमिंटन खिलाड़ियों को ग्रामीण भारत की परिस्थितियों से अवगत कराना हमारा परम कर्तव्य है और यह कर्तव्य हमने आज पूर्ण किया है।''

इस पर सभी दर्शकों ने तालियाँ बजाई, लेकिन एक पत्रकार ने फिर पूछा—''लेकिन अध्यक्ष जी, इस छत टपकने का कारण क्या है?''

अध्यक्ष जी इसका कुछ उत्तर दें, इसके पहले ही एक मनचला दर्शक बोला—''शायद हमारे देश के खिलाड़ियों को हारते हुए देख छत दुखी हो आँसू बहाने लगी हो और लोग ग़लत समझे हों कि छत टपक रही है।'' सब लोग हँसने लगे, लेकिन अध्यक्ष जी अब गम्भीर हो गए।

''क्या आप इस घटना की जाँच के लिए कोई आयोग गठित करेंगे?''

अध्यक्षजी ने कहा—''बिल्कुल नहीं। हमारे यहाँ आयोग बैठ जाते हैं, फिर उठने का नाम नहीं लेते। जैसा कि आप लोग जानते हैं, इस हॉल को मेरे विरोधी गुट के अध्यक्ष के साले ने बनवाया था। अब मैं जाँच करवाकर बदला लेने की टु च्ची कार्रवाई नहीं करना चाहता। मेरा साला भी एक स्टेडियम बना रहा है। वो भी आज नहीं तो कल टपकेगा ही, इसलिए मैं जाँच करवाकर कोई अस्वस्थ परम्परा नहीं डालना चाहता।''

मैं दिवा-स्वप्न में विचरण कर रहा था कि मेरी श्रीमती जी की आवाज़ ने तन्द्रा भंग कर दी—''अजी सुनते हो। आत तो हद हो गई, ड्राइंगरूम और कबैडरूम के साथ किचन की भी छत टपक रही है। मैं खाना कैसे बनाऊँ?''

मेरे अन्दर का कवि जागा और मैंने तत्काल उत्तर दिया—

टपक रहा है वर्ल्ड कप बैडमिंटन का हॉल
फिर क्यों करती हो अपने किचन का मलाल?

अध्यक्ष जी के साले को मिल गया ठेका अगर,
संयुक्त राष्ट्र संघ भी टपकेगा अगले साल ॥

कवि होना फूड अफसर का

वे फूड अफसर थे। आला अफसरों और व्यापारियों की निगाह में 'वेरी गुड' अफसर थे। उनकी विशेषता यह थी कि फूड अफसर होने के बावजूद वे कविता भी लिखते थे। नाम था उनका दालचावल प्रसाद और कविता के लिए उन्होंने अपने घोर असाहित्यिक तथा खाद्य विभाग के ट्रेड मार्क जैसे दिखने वाले इस नाम की जगह 'अन्नदाता' उपनाम रख लिया था। कुछ तो हमारे देश में कवियों के उपनाम लगाने की महान सांस्कृतिक परम्परा के चलते और कुछ खाद्य विभाग के अधिकारियों को 'अन्नदाता' समझने की हमारी चापलूस परम्परा के कारण वे इसी नाम से लोकप्रिय हो गए थे।

व्यापारी उनसे खुश थे, क्योंकि अपनी तुकबन्दी मार्का कविता की तारीफ़ से गदगद होकर वे पाँच सौ के काम को पचास रुपए में कर देते थे। मातहत भी इसी हथकंडे को आजमाकर व्यापारियों से वसूल किए गए हफ्ते में उनका हिस्सा गोल कर देते थे। आला अफसर उनसे इसलिए प्रसन्न थे कि उनके

किचन में खाद्यान्न की आपूर्ति का पूरा-पूरा ध्यान रखने के साथ ही साथ 'अन्नदाता जी' उनके अवयस्क बच्चों के जन्मदिन पर 'बधाई गीतों' की रचना कर तथा वयस्क बच्चों के विवाह समारोह में 'सेहरा' पढ़ कर अतिरिक्त सेवा कर दिया करते थे।

फूड डिपार्टमेंट में रहते हुए उनके कविता कर्म करने को कुछ लोग अश्चर्य से तथा मास्साब किस्म के कुछ कवि ईर्ष्या से देखते थे, किन्तु दालचावल प्रसाद उर्फ अन्नदाता जी का विचार था कि 'वे कीचड़ में खिले हुए कमल हैं।' खाद्य विभाग के उनके सहकर्मियों को इस उक्ति पर कोई ख़ास आपत्ति नहीं थी, इसलिए उनके अभिनन्दन समारोह में इस 'डायलाग' का उपयोग धड़ल्ले से होता था। अन्नदाता जी का तो विचार यह है कि जिस तरह 'अहिन्दी-भाषी' साहित्यकारों को हिन्दी भाषा में साहित्य सृजन करने के लिए विशेष पुरस्कार दिए जाते हैं, उसी तरह खाद्य, आबकारी, विक्रय कर और राजस्व विभाग की सेवा में रहते हुए साहित्य की सेवा करने के लिए एक विशेष पुरस्कार स्थापित होना चाहिए। अन्नदाता जी अपने इस मौलिक विचार से राष्ट्रीय और प्रदेश स्तर की कई अकादमियों को अवगत करा चुके हैं और इस पुरस्कार की स्थापना के लिए आवश्यक धनराशि की व्यवस्था करवा देने का प्रस्ताव भी रख चुके हैं। हमें पता चला है कि पुरस्कार देने के लिए प्रसिद्ध कुछ पेशवर संस्थाएँ इस प्रस्ताव पर गम्भीरता से विचार कर रही हैं और यह तो आप अच्छी तरह समझ सकते हैं कि दालचावल प्रसाद जी के खाद्य विभाग से रिटायर होने के पूर्व यदि ऐसा कोई पुरस्कार स्थापित हुआ, तो उस पर सबसे पहला हक उनका ही होगा।

अन्नदाता जी को कविता लिखने की बुरी आदत बचपन से ही लग गई थी, इस तथ्य की जानकारी हमें 'अन्नदाता जी के काव्य बिम्बों की तुलसी और कबीर के काव्य बिम्बों से अद्‌भूत समानता' नामक शेधग्रन्थ से प्राप्त हुई।

यह शोधग्रन्थ आवश्यक वस्तु अधिनियम की धाराओं में उलझ गए एक

आलू व्यापारी के बिगड़ैल बेटे ने लिखा था और इस शोधग्रन्थ के प्रभाव से वह बिगड़ैल बेटा अपने नाम के आगे डॉक्टर लगाकर एक विश्वविद्यालय में हिन्दी का विभागाध्यक्ष है। उधर उसका बाप आवश्यक वस्तु अधिनियम के जंजाल से मुक्ति पाकर मध्यपूर्व के देशों को आलू-प्याज निर्यात करने के धन्धे में लखपति से करोड़पति बन चुका है। इसी शोधग्रन्थ से हमें पता चला कि अन्नदाता जी का नाम 'दालचावल प्रसाद' इसलिए रखा गया कि उनका जन्म 'विश्व खाद्यान्न' दिवस के दिन हुआ था। इसी कारण जिस ज़िले में अन्नदाता जी पदस्थ रहते थ, उसमें खाद्य विभाग का एकमात्र शासकीय समारोह 'विश्व खाद्य दिवस' दोगुने उत्साह से मनाया जाता था और यह शुभ दिन स्थानीय चेम्बर्स ऑफ कॉमर्स के डिनर तथा अन्नदाता जी की कविताओं के पाठ के साथ सम्पन्न होता था। यह बात अलग है कि शासकीय रिकार्ड में लिखी गई उनकी जन्मतिथि विश्व विकलांग दिवस से मेल खाती थी और जब उनका जन्म हुआ तब चूँकि विश्व खाद्य संगठन 'अस्तित्व' में नहीं आया था, इसलिए विश्व खाद्य दिवस मनाने का प्रचलन ही प्रारम्भ नहीं हुआ था, किन्तु छोड़िए 'संशयवादी' बातों को और पढ़िए वह पहली कविता, जिसे हमारे हमारे दालचावल प्रसाद जी ने सातवीं कक्षा में लिखा था—

गंजों के शहर में हमने खोल ली है कंघों की दुकान
बहरों की बस्ती में बनवाया लता मंगेशकर का मकान
सदियों से जमी काई को नाखूनों से कुरेदते रहे
ऊपर से ये अरमान कि एक दिन तो बदेलगा हिन्दुस्तान।

और आलू व्यापारी के पुत्र का लिखा शोधग्रन्थ इस बात का गवाह है कि अन्नदाता जी ने उसके बाद पीछे मुड़कर नहीं देखा। इसी कविता के चक्कर में वे मैट्रिक की परीक्षा में तीन बार फेल हुए, लेकिन तब तक वे करीब तीन सौ कविताओं को जन्म दे चुके थे और लगभग तीन दर्जन एकतरफा और

असफल प्रेम प्रसंगों का तथा तीन बार कस्बाई कवि गोष्ठियों में हूट होने का अनुभव प्राप्त कर चुके थे।

घरवाले जब उनको नाकारा समझकर निराश हो चुके थे, तब तक सुखद संयोग घटित हुआ, जिसके परिणमस्वरूप वे फूड इंसपेक्टर बन गए। दालचाल प्रसाद जी का कहना है कि उनके नाम में खाद्य विभाग की महक आने के कारण और उनकी कविताओं से प्रभावित होकर साक्षात्कारकर्ताओं ने चयन सूची में उनका नाम सबसे ऊपर रख दिया। लेकिन कुछ छिन्द्रान्वेषी पत्रकारों का कहना है कि उनके पिता और तत्कालीन खाद्य मंत्री एक ही गोत्र, एक ही जाति और एक ही स्थान के निवासी थे। जब से भाई-भतीजावाद शब्द व्यंग्यकारों की कुदृष्टि का शिकार हुआ, तब से अन्नदाता जी ने उस खाद्य मंत्री को अपना दूर का रिश्तेदार बताना शुरू कर दिया, जबकि उनके जन्म के समय वे अन्नदाता के 'सगे ताऊ' थे।

दालचावल प्रसाद जी अपने कवि स्वभाव के कारण प्रारम्भ में कुछ दिनों तक खाद्य विभाग में 'अनफिट' रहे। कवि के रूप में भी वे अनफिट ही थे। आलोचकों के अनुसार तब उनकी कविताएँ 'गुरमुटिया' और उसना चावल जैसी खुरदरी थीं, किन्तु खाद्य विभाग की नौकरी की मेहरबानी से जब उनका विवाह एक सुलक्षणी और सुदर्शना कन्या से हुआ, तब उनकी कविता और फूड इंसपेक्टरी दोनों दुनियादारी की पटरी पर आ गए और जब एक बार फूड इंसपेक्टरी चल गई, तो उसके प्रभाव से कविता भी चल पड़ी और आजतक चल रही है। दोनों क्षेत्रों में वे आज फिट और सुपर हिट हैं। लोग बताते है कि जब अन्नदाता जी किसी गोदाम का निरीक्षण करने जाते थे, तब गेहूँ-चावल की बोरियों पर बैठकर किसानों की दुर्दशा पर कविता गढ़ लेते थे और किसी राशन दुकान पर मिट्टी तेल के स्टाक की नाप-जोख करते हुए माटी से जुड़ी हुई कविता की रचना करते थे। जैसे—

मिट्टी का तेल निकला है माटी से

गन्ना और गेहूँ भी उपजे माटी से

किसान का हल चलता माटी पे

महफिल का रंग जमता दाल-बाटी से।

यहाँ तक कि एक पेट्रोल पम्प का निरीक्षण करते हुए उनहोंने 'भारत अरब मैत्री पर एक धाँसू अन्तर्राष्ट्रीय कविता भी लिखी, जिसके कारण भारत सरकार ने उन्हें मध्यपूर्व को बासमती चावल के निर्यात की सम्भावना टटोलने के लिए जा रहे भारतीय प्रतिनिधि मंडल का सदस्य भी मनोनीत किया था।

उनकी कविता के करिश्माई चरित्र के बारे में अनेक किस्से खाद्य विभाग के कर्मचारी पूर्ण श्रद्धा के साथ सुनाते हैं। इनमें बहुचर्चित प्रसंग उस समय से संबंधित है, जब एक बड़ा अकाल पड़ा था और शासन की नीति के अनुसार खाद्य मंत्री ने मुनाफाखोरों और जमाखोरों को स्वेच्छा से अपना स्टाक घोषित करने की अपील की थी। जमाखोरों ने अपनी परम्परागत नीति के तहत उस अपील को अनसुनी कर दिया था। तब मज़बूरी में हमारे कवि हृदय खाद्य अधिकारी दालचावल प्रसाद जी उर्फ अन्नदाता को जमाखोरों के गोदाम पर छापा मारना पड़ा। छापे के बाद जप्तीनामा बनाते-बनाते अन्नदाता जी ने जमाखोरी और मुनाफाखोरी के खिलाफ एक कविता की रचना की और वह जमाखोर को सुनाई। रचना सुनते ही उसका हृदय परिवर्तन हो गया और उसने स्वेच्छा से अपना सारा दबाया हुआ स्टाक घोषित कर दिया। अपनी रचना के इस प्रभाव से गदगद होकर अन्नदाता ने भी जप्ती के सारे काग़जात फाड़कर फेंक दिए। दूसरे दिन नागरिकों ने जब कविता के इस करिश्माई प्रभाव को समाचार पत्रों में 'बाक्स आइटम' न्यूज़ के रूप में पढ़ा, तो वे इसे 'खाद्य विभा' की ऐतिहासिक उपलब्धि मानने लगे। खाद्य विभाग कर्मचारी भी इसे ऐतिहासिक उपलब्धि मानते हैं कि उनके अधिकारी को 'पैसा और प्रसिद्धि' दोनों एक साथ मिले। एक श्रद्धालु कर्मचारी का कहना है कि "साहब के पूजा घर में लक्ष्मी और सरस्वती दोनों की प्रतिमाएँ एक साथ रखी हुई हैं, यह उसी

का प्रताप है।"

चाहे जो कुछ हो, अन्नदाता जी के पन्द्रह कविता संग्रह आज तक प्रकाशित हो चुके हैं और इन संग्रहों को प्रकाशित करवाने के लिए उन्हें किसी प्रकाशक के घर दफ्तर के चक्कर नहीं लगाने पड़े हैं। उनके सभी संग्रह थोक अनाज व्यापारी संघ तथा थोक किराना व्यापारी संघ के सौजन्य से प्रकाशित हुए हैं। सभी संग्रहों की एक भी प्रति आज मार्केट में उपलब्ध नहीं हैं, क्योंकि सारी प्रतियाँ विमोचन समारोह में ही बिक जाती हैं। यह कहने की बात नहीं कि अन्नदाता जी के काव्य संग्रहों के विमोचन समारोह किसी विवाह उत्सव से कम नहीं होते और स्थानीय समाचार पत्रों में काव्य समीक्षा लिखने वाले उस दिन मुर्गा और मदिरा दोनों का सेवन पूर्ण श्रद्धा के साथ करते हैं। खाद्य विभाग की स्वस्थ परम्पराओं के अनुसार इन विमोचन-समारोहों का खर्च अन्नदाता जी के छत्तीसगढ़ में पदस्थ रहने पर चावल मिल मालिक संघ और मालवा या मध्य भारत में पदस्थ रहने पर दाल मिल मालिक संघ उठाया करता है।

अन्नदाता जी के ज़िले के सारे जमाखोर पूर्णतः निर्भय हैं, क्योंकि सबको मालूम है कि छोटे मामलों में फँसने पर 'काव्य गोष्ठी' तथा बड़े मामलों में फँसने पर अन्नदाता जी के मुख्य आतिथ्य में कवि सम्मेलन सारे मामलों को रफा-दफा करने का रामबाण इलाज है। हर कवि को फूड अफसर तो नहीं बना सकता, लेकिन हम ईश्वर से प्रार्थना करते हैं कि वह हर फूड अफसर को कवि बना दे, ताकि व्यापारी और जनता दोनों चैन की नींद ले सकें।

घोड़ा राग सदाबहार

कुछ साल पहले एक मंत्री ने शासकीय अधिकारियों की तुलना 'घोड़ा' से कर दी, तो कुछ घोड़े दुखी होकर एकान्त में हिनहिनाए। लेकिन भौंकना घोड़े के स्वभाव में न होने से जनता घोड़ों की घनघनाहट का आनन्द नहीं उठा पाई। हमारे जैसे पढ़ने-लिखने की बीमारी से ग्रस्त घोड़े से इस विषय पर विचार पूछे गए, तो हमने कहा—"अजीब जमाना है। घुडसवार ने घोड़ों को घोड़ा कहा, तो घोड़े नाराज़ हो गए हैं। उनकी नाराज़गी सरासर नाजायज है। माना कि काने को उसके मुँह पर काना कहा जाए, तो वह नाराज़ हो जाता है, लेकिन घोड़े हैं कोई काने नहीं। उन्हें केवल 'गधा' कहे जाने पर ही नाराज़ होना चाहिए।"

हमारी इस प्रतिक्रिया से घोड़े हमसे रुष्ट हो गए और हमें घोड़ा बिरादरी से बाहर करने की बातें चल निकलीं, तो हुक्का-पानी बन्द होने के डर से हमने 'घोड़ा राग सदाबहार' छेड़ा जो आपकी सेवा में प्रस्तुत है।

घोड़ा बहुत सभ्य प्राणी है। वह दुलत्तियाँ नहीं मारता। घोड़ा पैदायशी गूँगा नहीं होता, लेकिन घोड़ा बनते ही उसकी आँख पर काले परदे चढ़ा दिए जाते हैं, जिससे उसकी दृष्टि संकुचित हो जाती है। लेकिन घुड़सवार के पास जबान रहती है, वह बोलता है और अकसर जरूरत से ज़्यादा बोलता है। जब वह जमीन पर रहता है, तो कम बोलता है। लेकिन घोड़े पर सवार होने पर आंय-बांय जो मन में आए बकने लगता है। घोड़े पर बैठते ही उसमें अतिरिक्त ऊर्जा का संचार हो जाता है। घुड़सवार समझता है कि वह शक्ति उसकी स्वयं की है, किन्तु उसकी ग़लतफहमी तब दूर होती है, जब वह घोड़े से उतर चुका होता है। घोड़े से उतरने के बाद अच्छे-अच्छों की बोलती बन्द हो जाती है।

पहले जमाने में जो शक्तिशाली होते थे, वे घोड़े की सवारी करते थे। अब पब्लिक ही किसी को घोड़े पर बैठाती है। लेकिन घोड़े पर बैठने के बाद घोड़े के सहयोग से ही सवार घोड़े पर बैठ पाता है। घोड़े के असहयोग से अच्छे-अच्छे घुड़सवार जमीन की धूल चाट चुके हैं। जिन घुड़सवारों ने घोड़े पर ज़्यादा हंटर बरसाए हों, उसके उतर जाने के बाद घोड़ा भी उसे घास नहीं डालता। इस बात को ज़्यादातर घुड़सवार जानते नहीं और बाद में पछताते हैं।

घोड़े पर सवारी करना एक कला है और घोड़ा बहुत चतुर होता है। सवार के बैठते ही पहचान लेता है कि अनाड़ी है या खिलाड़ी। अनाड़ी सवार सवारी करना नहीं जानता, इसलिए घोड़ेको तेज नहीं भगा पाता। घोड़े पर सही सवारी करने के लिए उसके रकाब में पाँव फँसाना पड़ता है। लेकिन अनाड़ी सवार पाँव बाहर रखकर उसे चाबुक फटकाकर दौड़ाना चाहता है। सफल नहीं हो पाता, तो ज़्यादा चाबुक मारता है, घोड़े को गालियाँ देता है, उसकी सार्वजनिक निन्दा करता है, मंजिल तक न पहुँच पाने का सारा दोष घोड़े पर मढ़कर अपनी कमजोरी छिपाता है। सब लोग जानते हैं कि जो डींगें मारता है, वह काम नहीं करवा पाता। घोड़ा बहुत सहनशील होता है। बहुत देर गालियाँ, चाबुक सब सहन कर लेता है, किन्तु मुँह नहीं खोलता। वह शेर की तरह दहाड़ता नहीं,

गधे की तरह रेंकता नहीं। घोड़ा घुन्ना होता है। वह सारा गुस्सा अपने पेट में भरे रहता है। घोड़े का सिद्धांत होता है कि जब लोहा गरम हो, तब चोट करो। मौका मिलते ही वह घुड़सवार को गिरा देता है और ऐसी जगह गिराता है, जहाँ पानी भी न मिले। जब तक जुल्मी सवार को घोड़ा गिरा नहीं देता, उसे चैन नहीं पड़ता। वह हमेशा उसे गिराने की फिराक में रहता है।

घोड़ा एक और तरह से सताने वाले सवार से बदला लेता है। वह चलते-चलते कीचड़ भरे डबरे में घुस जाता है और जोर-जोर से कूदता है। सारा कीचड़ घुड़सवार के मुँह पर लग जाता है। दुनिया देखती है और हँसती है। घोड़ा भी मन ही मन हँसता है। ठहाके लगाकर जोरों से हँसना घोड़े की आचरण संहिता में प्रतिबन्धित है। कीचड़ लगे सवार के बारे में घोड़ा अख़वारनवीसों के कान में फूँक मार देता है। अख़बारनवीस तुरन्त सवार की फोटो खींच लेता है। सवार कहीं मुँह दिखाने लायक नहीं रहता। घोड़े पर कीचड़ के दाग लग जाएँ, तो वह किसी तालाब में डुबकी लगाकर उन्हें धो लेता है। सवार को अपने दाग धोने के लिए घोड़े से नीचे उतरना पड़ता है और एक बार घोड़े से उतरे, तो तुरन्त दूसरा कोई घोड़े पर सवार हो जाता है और पुराना सवार 'कारवाँ गुजर गया गुबार देखते रहे' के अन्दाज़ में अपने दाग धोता रहता है। घोड़े से एक बार गिराए जाने के बाद फिर घोड़े पर चढ़ना बहुत कठिन होता है। ख़ासकर तब जब घोड़े द्वारा गिराए गए हों।

घोड़ा स्थायी होता है। युवावस्था में घोड़ा बनने के बाद वह बुढ़ापे तक घोड़ा ही बना रहता है। लेकिन उसके सवार स्थायी नहीं होते हैं, वे बदलते रहते हैं। जो सवार घोड़े को अच्छा दाना, पानी, चारा देते हैं, घोड़े पीठ थपथपाते हैं, वे ज़्यादा देर तक सवारी कर पाते हैं। घोड़े को प्यार से पुचकारो और उसके स्वाभिमान को न ललकारो, तो घोड़ा ज़्यादा स्वामिभक्त रहता है। असली खूबी घोड़े में नहीं, घुड़सवार में होती है। अच्छा सवार हो, तो वह अड़ियल घोड़े को भी रेस का घोड़ा बना सकता है और अगर सवार कमज़ोर है, तो वह अरबी

घोड़े को भी तांगे की चाल से चला सकता है। सब कुछ सवार पर निर्भर है। अकसर सवार अपनी असफलता का दोष घोड़े पर मढ़ने की कोशिश करता है। यह पुरानी परम्परा है। लेकिन जानकार लोग कहते हैं कि घोड़ा कितना ही तेज़ क्यों न हो, लेकिन अगर जॉकी अच्छा न हो, तो घोड़ा रेस में हार जाता है। घोड़े पर काबू पाने के लिए काबलियत के अलावा आत्मविश्वास का होना भी बहुत ज़रूरी है। हाथ में चाबुक रहे, उसका डर ही घोड़े को सही राह पर चलाए रखता है। कभी कभार हल्के से चाबुक फटकारना भी ठीक है, लेकिन बार-बार चाबुक फटकारना और घोड़े की चमड़ी उधेड़ते रहना घोड़े को ढीठ बना देता है।

पहले जमाने में लोग अरबी घोड़े की सवारी करना पसन्द करते थे। उस जमाने के सवार भी अच्छे खासे ऊँचे पूरे हुआ करते थे। पिछले कई सालों से सवारों की क्वालिटी साल दर साल बिगड़ती जा रही है। अब बौने लोग घुड़सवार होने लगे हैं। वे अरबी घोड़े को पसन्द नहीं करते। उनकी पसन्द टट्टूनुमा घोड़े हैं, जिन पर वे आसानी से सवारी गाँठ सकें। अब सवार ने ही टट्टू पसन्द किया, तो फिर उसकी कम गति की शिकायत क्यों? वैसे अरबी घोड़ों की नस्ल अभी खत्म नहीं हुई है, लेकिन वे ज़्यादातर अस्तबल में खड़े दिखाई देते है और घास चरते रहते हैं। सवारी के लिए उनका उपयोग कम ही होता है। भूले भटके कोई सवार उन पर चढ़ भी जाता है, लेकिन मनमाने तौर पर इधर-उधर नहीं ले जा पाता। इसलिए उसे वापस अस्तबल में भेज दिया जाता है। अच्छी नस्ल के अरबी घोड़ों में एक बुरी आदत होती है। वे हमेशा राजपथ पर ही चलना पसन्द करते हैं। पगडंडियों पर उन्हें ले जाना आसान नहीं होता, इसलिए सवारों और उनमें पटरी नहीं बैठती।

प्रचानी काल से घोड़ा राजाओं की सवारी रहा है। सवार की शान घोड़े से ही है। दुल्हे की शान भी घोड़े से ही है। बिना घोड़े का सवार बिना सिन्दूर की दुल्हन है। इसलिए घोड़ो! अपने घोड़े होने पर गर्व करो और किसी तरह

के हीन भाव के शिकार मत होओ। तुम्हारी छवि सवार के मुकाबले अच्छी है। सवार तो आना-जाना है। उसकी बातों का बुरा मत मानो। कल नीचे आते ही, वह फिर तुम्हारे पास अकेले में गिड़गिडाने लगेगा।

समझदार घोड़े घोड़ा कहा जाने का गम न मनाते हुए, अपनी चाल में तेज़ी लाने का प्रयास कर घोड़ा समाज की इज्जत बढ़ा सकते हैं। घुड़सवार अगर समझदार हो, तो घोड़े को दुलत्तियाँ मारना बन्द कर अपनी घुड़सवारी ठीक करने की कोशिश करेगा और घोड़ों की लगाम कसने के बजाय अपनी जबान पर लगाम लगाएगा। घोड़ा भाइयो! माना कि तुम्हारी 'घोड़ा गाड़ी' पर लगी लालबत्ती छीन ली गई है और तुम्हारा चारा पंचायती बैल चर रहे हैं। तुम्हारे स्थायी होने के गुरूर को चूर-चूर करने के लिए बार-बार तुम्हारा रूट बदल दिया जाता है और ज़्यादा अकड़-फूँ दिखाने पर तुम्हें अस्तबल में बाँध दिया जाता है। लेकिन हमारी तो यही इच्छा है कि घोड़े अपना अड़ियलपन छोड़ दें और सवार ठीक से घुड़सवारी सीख लें। तब घोड़ों और सवारों के समन्वय से ही इस देश में प्रजा-राज आएगा।

तीस दिन की फरवरी

आप माने या न मानें, राजस्थान के कुछ प्रौढ़ शिक्षा के केन्द्रों ने फरवरी माह को तीस दिन का बनाकर राष्ट्र के समक्ष एक प्रेरणादायी उदाहण प्रस्तुत किया है। हुआ यूँ कि प्रौढ़ शाला के शिक्षकों ने उपस्थिति रजिस्टर में तीस फरवरी की हाजरी लगाई और अप्रैल, जून, सितम्बर तथा नवम्बर माह में इकतीस तारीख़ तक की हाजरी लगाई। इस हाजरी के आधार पर फरवरी माह में तीस दिन का तथा दूसरे महीनों में इकतीस दिन का वेतन वसूल किया। यह एक अद्‌भुत आविष्कार है। जब से इसकी ख़बर अख़बारों में छपी है, तब से सम्पूर्ण भारत के प्रौढ़ शिक्षा केन्द्रों के संचालक 'सुख मिश्रित दुख' के सागर में डुबकियाँ लगा रहे हैं। सुख इस बात का कि राजस्थान वालों ने अपनी सूझबूझ से एक नया आइडिया दिया है और दुख इस बात था कि ऐसा मौलिक विचार हमें क्यों नहीं सूझा और राजस्थान वाले बाजी मार ले गए। साक्षरता में राजस्थान भारत के अन्तिम पाँच राज्यों में आता है, लेकिन वहाँ के प्रौढ़ शिक्षा केन्द्रों ने फरवरी माह में तीस दिन होने का आविष्कार कर उसके गौरव को

चार चाँद लगा दिए हैं और इस क्षेत्र में सर्वप्रथम होने का श्रेय प्राप्त किया है।

दरअसल राजस्थान के प्रौढ़ शिक्षा केन्द्र के शिक्षकों ने यह कार्य राष्ट्रीयता तथा समानता के प्रति अपने अगाध प्रेम के कारण ही किया है। असल में अंग्रेज़ी केलेंडर बनाने वालों ने दिमाग़ का इस्तेमाल किया ही नहीं, कोई महीना बड़ा बना दिया, कोई महीना छोटा। अब यह भी कोई बात हुई कि जनवरी महीना इकतीस दिन का और फरवरी केवल अट्ठाईस या कभी-कभी उनतीस दिनों का। यह भेदभाव हमें मंजूर नहीं। हम देशभक्त हैं। विदेशियों का ऐसा अन्धानुकरण नहीं कर सकते। फरवरी महीना वसंत का महीना है। गीत, संगीत, कविता और सौंदर्य का महीना है। अंग्रेज़ कौम तो नीरस और बोर है, इसलिए उसने फरवरी माह के साथ यह अन्याय किया है। लेकिन हम तो साहित्य और कला के अनुरागी हैं। हम फरवरी के साथ यह अन्याय बर्दाश्त नहीं करेंगे। प्रौढ़ शिक्षा केन्द्रों ने फरवरी को तीस दिन का बनाकर उसके साथ आंशिक न्याय किया है। हम तो उसे भी इकतीस दिन का बनाने का समर्थन करते हैं। अंग्रेज़ी केलेंडर चाहे कुछ भी कहता रहे। हम केलेंडर नहीं बदल सकते तो क्या हुआ, कम से कम हाजरी रजिस्टरों में राष्ट्रीयता और समानता के उच्च आदर्शों का प्रदर्शन कर अंग्रेज़ों को बता सकते हैं कि हम अब वास्तव में उनकी गुलामी से आज़ाद हो गए हैं।

इस घटना से अद्भुत प्रशासनिक एकता का भी प्रदर्शन हुआ है और एकता की तो आज हमारे देश को सख्त आवश्यकता है। प्रौढ़ शिक्षा केन्द्र के शिक्षकों ने फरवरी में तीस दिन की हाजरी लगाई। उनके सुपरवाइजरों ने तीस फरवरी को प्रौढ़ शिक्षा केन्द्रों का आकस्मिक निरीक्षण कर हाजरी रजिस्टरों को चेक किया और प्रौढ़ शिक्षा अधिकारी ने इस पर अनुमोदन की मोहर लगाकर सरकारी खजाने से वेतन निकाला और वितरित किया। सबको फरवरी तीस दिन की नज़र आई। किसी ने शंका नहीं प्रकट की। इस अद्भुत एकता के लिए प्रौढ़ शिक्षा विभाग बधाई का पात्र है और सभी सरकारी कर्मचारियों को इस

एकता से प्रेरणा लेनी चाहिए। भ्रष्टाचार के अधिकांश मामले एकता के अभाव में ही बाहर आते हैं। प्रौढ़ शिक्षा केन्द्रों जैसी एकता यदि सभी विभागों में कायम हो जाए, तो हिन्दुस्तान से भ्रष्टाचार का नामोनिशान मिट जाएगा। लेकिन बुरा हो उन आडिट वालों का, जिन्होंने फरवरी की तीस तारीख पर आपत्ति उठाई। यदि प्रौढ़ शिक्षा विभाग ने फरवरी माह को तीस दिन का बनाने के पीछे छिपा राष्ट्रवादी और समतावादी दर्शन मदिरा और मुर्गे के साथ आडिट पार्टी के सामने परोसा होता, तो निश्चित ही यह प्रेरणादायी प्रसंग उनके गले के नीचे उतर जाता और राष्ट्र के सामने नहीं आ पाता।

यह घटना हमारे प्रौढ़ शिक्षा केन्द्रों की परिपक्वता का भी परिचायक है। अब प्रौढ़ लोग कोई प्राथमिक शाला के बच्चे तो हैं नहीं कि उन्हें ईमानदारी का पाठ पढ़ाया जाए। प्रौढ़ों की गरिमा के अनुरूप उन्हें फरवरी में तीस दिन होने का पाठ पढ़ाया गया है, जिससे उनके व्यावहारिक ज्ञान में वृद्धि हुई है और वक्त आने पर किसी वस्तु को बढ़ा-चढ़ाकर बताने की क्षमता भी बढ़ी है। इससे इन प्रौढ़ शिक्षा केन्द्रों के कुछ छात्रों के नटवरलाल के नवीन संस्करण के रूप में उभरने की प्रबल सम्भावना है। एक सम्भावना यह भी है कि प्रौढ़ शिक्षा केन्द्र के किसी समझदार छात्र ने ही फरवरी को तीस दिन का बनाने का नायाब नुस्खा शिक्षकों को दिया हो। प्रौढ़ शिक्षा केन्द्र का यही तो फायदा है। वहाँ शिक्षक भी विद्यार्थियों के ज्ञान से लाभान्वित होते हैं। ज्ञान का यह आदान-प्रदान हमारे देश की महान गुरु-शिष्य परम्परा को मजबूत बनाएगा। प्रौढ़ शिक्षा का भविष्य भारत में टी. वी. के विज्ञापनों में दिखने वाली सफेद साड़ी जैसा उज्ज्वल है।

इस प्रेरणादायी घटना का प्रमुख कारण प्रौढ़ शिक्षकों का दैनिक वेतनभोगी होना है। यदि वे मासिक वेतनभोगी होते, तो फरवरी महीना अट्ठाईस दिनों का ही बना रहता। उल्टे यह आशंका रहती कि जल्दी महीना पूरा करने के चक्कर में कोई उसे पच्चीस दिन का ही बना देता। लेकिन हम इतने कार्यकुशल हैं कि शिक्षक से लेकर इंजीनियर तक सब दैनिक वेतन पर रखते है, जिससे

फरवरी तीस का और अप्रैल इकतीस दिन का हो जाता है और ज़्यादा काम होता है। इस स्थिति को देखते हुए मासिक वेतन की प्रथा बन्द कर सभी विभागों में दैनिक वेतन की प्रथा प्रारम्भ करने से साल भी 365 दिनों से बढ़कर चार सौ बीस दिनों का हो जाएगा।

जब से इस ख़बर का प्रचार हुआ है, मस्टर रोल वाले सभी विभागों में हड़कम्प मचा हुआ है। मजदूरों की फर्जी हाजरी भरकर मस्टर रोल बनाना, एक ही अँगूठे के निशान लगवाकर पन्द्रह रुपए पकड़ा देना—यह सब तो वे सदियों से करते आए हैं, लेकिन प्रौढ़ शिक्षा केन्द्र वालों ने इस नए आविष्कार द्वारा जो पथ-प्रदर्शन किया है, वह अनोखा है। इसमें तो हींग लगे न फिटकरी और रंग आएगा चोखा।

प्रौढ़ शिक्षा विभाग का यह नवीन आविष्कार हमारे राष्ट्रीय जीवन की युग परिवर्तनकारी घटना है, जिससे शासकीय सेवकों को हाजरी रजिस्टर भरने की नवीन कला का ज्ञान हुआ है। इसके लिए प्रौढ़ शिक्षा विभाग को इस वर्ष भारत रत्न खिताब दिया जाना चाहिए।

स्त्रीलिंग से अन्याय चालू आहे

पुरुष मित्रो ! यदि आप यह सोचकर इस ललित निबन्ध से आँख चुराना चाहते हैं कि मैं दहेज की सताई महिलाओं की करुण, किन्तु घिसी-पिटी कहानियाँ सुनाकर आपको बोर करूँगा, तो कृपया थोड़ा ठहरिए और स्त्रीलिंग के साथ हो रहे अन्याय के इन रोचक और अनोखे उदाहरणों पर नज़र डालें, तो आपको स्प्रष्ट हो जाएगा कि नारी जाति अभी भी पुरुषों की उपेक्षा का शिकार है।

जैसे एकता को ही लीजिए। एकता देश के लिए बहुत जरूरी है, लेकिन है बेचारी स्त्रीलिंग, इसलिए साम्प्रदायिक दंगा हो या जात-पाँत की लड़ाई, भाई लोग सबसे पहले एकता को भंग करते हैं। लेकिन देश सुरक्षित रहता है। पुल्लिग जो ठहरा। क्रिकेट में भी दंगा-फसाद हुआ, तो स्त्रीलिंग पिच पहले खोद दी जाती है और पुल्लिग मैदान सुरक्षित रहता है।

आप चाहे जहाँ नज़र दौड़ाएँ, स्त्रीलिंग के साथ अन्याय के नजारे नज़र आएंगे। पृथ्वी की छाती पर मूँग दले जाते हैं, किन्तु आसमान को छूने की इच्छा

रखते हुए भी लोग उंगली तक नहीं लगा पाते। बीमार हुए तो व्याधि का अन्त सब करना चाहते हैं, जबकि रोग को केवल भगाकर सन्तुष्ट हो जाते हैं।

माया का मोह त्यागने की सलाह सब देते हैं, किन्तु पुत्र मोह किसी से नहीं छूटता। चाहे गला नेता जी का हो या सन्त-महात्मा का, माला बेचारी सदैव ही अर्पण कर दी जाती है, किन्तु माल कोई अर्पण नहीं करता, बल्कि पराया माल मिले तो उसे भी अपना लिया जाता है।

बाढ़ आती है तो दो चार दिनों में लौट जाती है, किन्तु सूखा आ जाए तो साल भर पड़े रहता है।

भिक्षा लेने वाले को हम भिखारी कहकर उसका तिरस्कार करते हैं, किन्तु चन्दा उगाहने वाले चन्दे के साथ-साथ चाय का सेवन कर समाजसेवी होने का सम्मान पाते हैं।

सब्ज़ी बाजार में जाइए। मिर्च चार रुपए किलो बहुतायत से बिक रही है, लेकिन उसके आगे पुल्लिग शिमला जुड़ जाए,तो वह मिर्च सोलह रुपए किलो बिकेगी।

डॉक्टर लोग भी स्त्रीलिंग से बैर पालते हैं। सबको उदारतापूर्वक हरी सब्ज़ियाँ खाने की सलाह देते हैं। अंडा खाने की सलाह देते भी हैं, तो मुर्गी का!! आप ऐसा कोई डॉक्टर बता सकते जिसने कभी किसी मरीज़ को मुर्गा खाने की सलाह दी हो?

वकील लोग भी 'मुकदमा' तो सालों लड़ते रहते हैं, किन्तु पेशी को कोई न कोई बहाना बनाकर बढ़वा लेते हैं।

किसी कवि को कवि पत्नी हाथ में सब्ज़ी की थैली पकड़ा दे, तो उसका मूड आफ हो जाता है और वह सब्ज़ी की थैली फेंक अपना झोला काँधे पर टांग गुनगुनाता हुआ बाहर निकल जाता है।

ड्रेस में भी देख लीजिए। शर्ट और कोट ऊपर और पेन्ट नीचे, कुर्ता ऊपर

पायजामा नीचे। यहाँ तक कि स्त्री जाति भी अपने वर्ग के साथ अन्याय करती ही रहती है। शलवार सूट पहना है, तो शलवार नीचे और कुर्ता ऊपर रहता है और दुपट्टा तो सबसे ऊपर रहता है।

आजकल कोई भी महिला अंगीठी को हाथ नहीं लगाना चाहती, किन्तु गैस स्टोव मिले तो सौ जान कुरबान करती है। चटनी को तो बेचारी को पीस डालती है, किन्तु सलाद को बहुत प्यार से सजाती है। हार को गले में डालकर अपने दिल के करीब बनाए रखती है, लेकिन खनकने वाली पायल को पाँवों में डाले रहती है।

साहित्य के क्षेत्र में भी देखें तो उपन्यास और व्यंग्य की किताबें ज़्यादा बिकती हैं, कविता की किताब कविगण अपने यार-दोस्तों में मुफ्त बाँटकर दिल बहला लेते हैं। वैसे तो सभी पर संकट आया है, पत्रिकाएँ भी धड़ाधड़ बन्द हो रही हैं, किन्तु टी. वी. के रोज नए चेनल खुलते जा रहे हैं। अख़बारों के भी नए-नए संस्करण निकलते जा रहे हैं। पुल्लिंग के साथ पक्षपात धड़ल्ले से जारी है।

जमाना ऐसा आ गया है कि लोग राह चलती कन्याओं को आँख मारकर मुस्कराते हुए निकल जाते हैं और अगर किसी ने कन्या के समर्थन में आँखमारू को घूँसे मारे, तो उसके विरुद्ध पुलिस तुरन्त मुकदमा दर्ज कर लेती है।

आत्मा की आवाज कोई नहीं सुनता, आत्मा को ठेस पहुँचाने वाले काम लोग सुबह-शाम करते हैं, किन्तु शरीर को खरोंच भी नहीं लगने देते।

इच्छा सब दुखों का मूल मानी गई है, किन्तु इच्छा फल सभी प्राप्त करना चाहते हैं। नेता को कुर्सी जनता ही दिलवाती है, किन्तु कुर्सी पर बैठकर नेता सत्ता का दुरुपयोग कर जनता को भुला ही देता है। कुर्सी के भी अजर-पंजर ढीले कर देता है।

हजारों उदाहरण हैं। कहाँ तक गिनाऊँ? प्रकृति भी स्त्रीलिंग के पीछे पड़ी

हुई है। इसीलिए हवा और धूप तो नि:शुल्क प्रदान करती है, किन्तु पानी के पैसे देने पड़ते हैं। अब तो मान जाइए कि स्त्रीलिंग से अनयाय चालू आहे!!

अंकल डंकल का जीन

एक था गाँव करमपुर का किसान गंगादीन। पढ़ा-लिखा प्रगतिशील। एक दिन उसे मिल गया अलादीन। जी हाँ! वही, सबका जाना-पहचाना अलादीन, जिसके पास जादुई चिराग की बदौलत एक जिन्न था।

अलादीन उदास था। कारण पूछाने पर पता चला कि उसका जिन्न उसे छोड़कर फॉरेन चला गया है।

गंगादीन ने कहा—"वाह! अभी तक तो इंसानों को पाला बदलते देखा था, लेकिन अब जिन्न भी बदलने लगे?"

अलादीन कहने लगा—"नहीं भाई! बात दरअसल यह है कि मेरे जिन्न का जीन विदेश की एक कम्पनी ने पेटेंट करा लिया, इसलिए वह उसकी सम्पत्ति बन गया। अब ऐसा कानून बन गया है कि जिसका जीन जिसके पास रहेगा, वही उसका मालिक होगा।"

गंगादीन की समझ में कुछ नहीं आया। उसने कहा— "अलादीन भाई ये जिन्न के बारे में तो आपकी कहानियाँ पढ़कर मालूम होता है कि बोतल में

बन्द जिन्न अपने आका के हुक्म पर उसकी मनचाही मुराद मिनटों में पूरी कर देता है। लेकिन ये जीन क्या बला है? क्या वह भी कोई जिन्ननुमा चीज़ है?''

अलादीन कहने लगा—''मुझे भी ज़्यादा तो मालूम नहीं भाई। लेकिन इतनी जानकारी मिली है कि जिस तरह जिन्न बोतल में बन्द रहता है, उसी तरह जीन हर जानदार चीज़ में छिपा होता है और उसके रूप-गुणों को निर्धारित करता है।''

गंगादीन सोच में पड़ गया। जब कुछ समझ में नहीं आया तो गया गाँव के सरकारी कृषि फार्म के अधिकारी शर्मा जी के पास पहुँचा, जो अकसर उसे ज़्यादा फसल लेने के बारे में लेक्चर पिलाते रहते थे।

शर्मा जी से पूछताछ करने पर पता चला कि जीन नए जमाने का जिन्न भी है। पेड़-पौधे, गेहूँ, चावल, गुलाब और यहाँ तक कि हर इंसान में भी अलग-अलग जीन होता है और अंकल आर्थर डंकल नाम के एक बुद्धिशाली आदमी ने ऐसा कायदा बना दिया है कि जो खोजकर उसे पेटेंट करवा लेगा, उसके पास उसका सर्वाधिकार हो जाएगा।

गंगादीन कहने लगा— ''मैंने किसी के मुहँ से अंकल शाम मे बारे में तो सुना था, लेकिन यह अंकल डंकल कौन है?''

शर्माजी ने कहा—''ये अंकल शाम का सगा भतीजा है और आज दुनिया में इन दोनों का डंका बज रहा है। अब उसका जीन जिन्न बनकर हर खेत पर मँडरा रहा है।''

गंगादीन चक्कर में पड़ गया—''इसका मतलब तो यह हुआ कि मैं शहर से करेले की नई प्रजाति का बीज लेकर आया और उसे अपनी बाड़ी में लगाया, तो करेले की जो फसल आएगी उस पर उस कम्पनी का कब्जा हो जाएगा, जिसने उस प्रजाति का जीन अपने नाम पेटेंट करवा लिया होगा।''

शर्मा जी कहने लगे—''नहीं भाई! फसल तो तुम्हारी ही रहेगी, लेकिन

चूकि बीज का पेटेंट कम्पनी के नाम होगा, इसलिए कम्पनी बीज को अपने शानदार पैक में पैकिंग कर तुम्हें उपलब्ध कराएगी। इस तरह दो रुपऐ की कीमत का बीज तुम्हें दस रुपए में मिलेगा।"

"लेकिन एक बार बीज खरीदने के बाद दूसरी बार तो मैं अपने घर के करेले के बीज निकालकर दूसरी फसल के लिए उन्हें सुरक्षित रख लूँगा। तब कम्पनी क्या करेगी?"

इस पर शर्मा जी न जवाब दिया—"कम्पनी तुम पर हर्जाना ठोंक देगी।"

"साहब, अच्छा मूर्ख बनाते हो। विदेश में बैठी कम्पनी को कैसे पता चलेगा कि मैंने अपनी बाड़ी में कौन सी प्रजाति का करेला लगाया है और उसका बीज कहाँ से लाया हूँ।"

शर्मा जी ने समझाया —"अंकल डंकल ने कच्ची गोलियाँ नहीं खेली हैं। हर खेत में हर कंपनी अपना चौकीदार तो रख नहीं सकती, इसलिए उसने गैट समझौता कराके चौकीदार का काम देश की सरकार बहादुर को सौंप दिया है। सरकार ये काम कृषि विभाग के ग्रामसेवक या पटवारी को सौप देगी और उसकी मार्फत ये ख़बर सात समंदर पार बैठी कम्पनी तक पहुँच जाएगी।"

"लेकिन पटवारी और ग्रामसेवक तो हमारे ही हैं। वे भला विदेशी कम्पनियों के वफादार क्यों होने लगे।" गंगादीन ने तर्क प्रस्तुत किया।

"अगर उन्होंने तुम्हारी तरफ वफादरी दिखाई, तो वे वफादारी शुल्क भी अवश्य वसूल करेंगे।"

शर्मा जी की बात गंगादीन को सही लगी। उसकी आँखों में करेले का टोकरा भर अपने घर ले जाता हुआ पटवारी तैर गया।

"...तो साहब ये डंकल का जीन तो अलादीन मके जिन्न से भी ज़्यादा खतरनाक है। डंकल ने हुक्म दिया नहीं कि दूर बैठे-बैठ ही टिड्डियों के समान किसान की फसल चौपट कर जाएगा।"

शर्मा जी हँसने लगे—"अब तुम बिलकुल समझ गए गंगादीन।"

"लेकिन मान लो कि आपने कृषि फार्म पर ककड़ी की कोई नई प्रजाति विकसित कर उसका जीन पेटेंट करवा लिया, तो हम भी तो फिर पैसे कमा सकेंगे ना।" गंगादीन मन ही मन महल बनाने लगा।

शर्मा जी ने उसके रेत के महल को गिराते हुए कहा—"कभी हमारे खेत में चोरी होने पर थाने में रपट दर्ज करा पाए हो?"

बात तो सच थी। अकसर गाँव के मुखिया का साँड कृषि फार्म में घुस आता। मुखिया को शिकायत करने पर जब उसके कान में जूँ तक नहीं रेंगी, तो शर्मा जी काँजी हाउस पहुँच गए रपट लिखाने। लेकिन उनकी रपट लिखना तो दूर, उन्हें धक्के देकर भगा दिया गया। और दूसरे दिन मुखिया के साथ गाली-गलौज करने के आरोप में शर्मा जी को अन्दर कर दिया। तब से शर्मा जी ने थाने की सड़क से निकलना ही बन्द कर दिया है। जब थाने में रपट ही दर्ज नहीं करा पाए, तो ककड़ी के नए बीज का पेटेंट कहाँ से करवा पाएँगे?

शर्मा जी कहने लगे—"सबसे पहले तो हमने बीज की नई प्रजाति विकसित कर भी ली, तो हमारा बॉस उसमें दस तरह की खामियाँ निकालकर उस फाइल को वापस लौटा देगा। और अगर फाइल आगे बढ़ भी गई, तो भोपाल के दरिया से होते हुए दिल्ली के महासागर तक पहुँचते-पहुँचते वह लालफीताशाही के मगरमच्छ का शिकार हो जाएगी। और अगर खुदा न खास्ता वहाँ से बच गई, तो पता चलेगा कि इस आविष्कार को पहले ही किसी बड़ी कम्पनी ने अपने नाम पेटेंट करवा लिया है और मान लो कि पेटेंट रजिस्टर्ड हो गया और किसी ने उसकी चोरी कर भी ली, तो भी उस बड़ी कम्पनी के खिलाफ कार्रवाई करने कहाँ जाएँगे? जैसे अमेरिका की किसी कम्पनी ने हमारा ककड़ी के बीज का पेटेंट चुरा लिया और हम उस चोर के खिलाफ मुक्दमा लगाने जाएँ, तो वहाँ के वकील की एक दिन की फीस में ही हमारे सारे कृषि फार्म बिक जाएँगे।"

गंगादीन ने सोचा, बात तो सच थी। जब भोपाल गैस त्रासदी में तीन हजार से ज़्यादा लोगों की जान लेने वाले एंडरसन का बाल भी बाँका नहीं किया जा सकता, तब छोटे से पेटेंट की चोरी की सजा उस बहुराष्ट्रीय कम्पनी को कैसे दी जा सकेगी, जिसके स्वागत के लिए सारा मुल्क पलक पाँवड़े बिछाए हो? इसका यही अर्थ हुआ कि अंकल डंकल का जीन अपने आकाओं के हुक्म पर हमारे खेतों की फसल का अपहरण करता रहेगा और हम टुकुर-टुकुर ताकने के अलावा कुछ नहीं कर पाएँगे।

अंकल डंकल और उसके जीन के ख्यालों में खोए गंगादीन ने उस दिन रात को एक सपना देखा कि अंकल डंकल उसके घर का दरवाजा खटखटा रहे हैं। उसने दरवाजा खोला तो अंकल डंकल बिना इजाजत आकर उसकी बैठक में जम गए और कहने लगे—"गंगादीन! हमने अब इंसानों के जीन भी पेटेंट करा लिए हैं। अब तुम्हारे इस लड़के पर हमारा अधिकार है। अगर लड़का तुम्हें अपने पास रखना है, तो हमारी पेटेंट फीस चुकाओ।"

गंगादीन सपने में भी पसीने से नहा गया और अचानक उसकी आँख खुल गई। वह मन ही मन बड़बडाने लगा—"गंगादीन! अब खतरा खेत के गेहूँ-चावल पर नहीं, घर के गुलाब पर भी है, इसलिए अलादीन को अपने जिन्न की फिक्र करने दो और तुम तो यह सोचो कि अंकल डंकल के जीन से कैसे पीछा छुड़ाया जाए।"

न चढ़ना धार का सैंसर की कैंची पर

श्रीमती जी के आदेश को शिरोधार्य करते हुए मैं अपने घर की एकमात्र मल्टीपरपज कैंची को लेकर धार चढ़ाने वाले के पास पहुँचा। कैंची से मेरी मूँछों को सही शेप दिया जाता है। पप्पू के बढ़े हुए बालों की छँटाई होती है। श्रीमती जी अपनी भौंह को धनुष का आकर इसी कैंची देती हैं। इसलिए उस पर धार चढ़वाना आवश्यक था।

धार चढ़ने वाला एक कैंची पर पहले ही धार चढ़ा रहा था। लेकिन धार थी कि चढ़ने का नाम ही नहीं ले रही थी, बार-बार फिसल जा रही थी। इस तरफ करीब आधा घंटा निकल गया। इंतजार की आग में इससे अधिक जलना मुझे भारत की धैर्य परम्परा का उल्लंघन जान पड़ा । अतः मैंने पूछा—"भाई ये किसकी कैंची है? इस पर धार चढ़ती क्यों नहीं?"

धार चढ़ने वाला भी दुखी था। बोला—"साहब जी! हम भी बहुत पेरशान हैं। ये साहब हर हफ्ते धार चढ़वाने आते हैं। हम बड़ी मुश्किल से धार चढ़ाकर देते हैं, फिर वापस आ जाते हैं कि धार उतर गई फिर चढ़ा दो।"

मैंने कहा—"इनकी कैंची न हुई भारतीय रेल हुई जो बार-बार पटरी पर से उतर जाती है।"

धार चढ़ाने वाला इस तुलना पर हैं-हैं कर हँसने लगा। मुझे भी अच्छा लगा, लेकिन कैंचीधारी सज्जन का चेहरा उतर गया। मुझे ऐसा लगा जैसे इन सज्जन का कैंची से मालिकाना सम्बन्ध नहीं है और कैंची के क्रियाकलापों से ये भी संतुष्ट नहीं हैं। मैंने कुरेदा, "भाई साहब! ये कैंची कौन आती है कि इसकी धार हमेशा उतर जाती है।"

सज्जन ने लम्बी आह भरी और कहा—"ये सैंसर बोर्ड की कैंची है। पहले अच्छा काम करती थी, लेकिन पिछले दो-तीन सालों से न जाने क्या हुआ है, ठीक से काम ही नहीं करती। जिस सीन पर हमारे माननीय सदस्यगण कैंची चलाने पर सहमत होते हैं, उस सीन पर कैंची चलती ही नहीं। सीन आगे बढ़ जाता है और हम सब देखते रह जाते हैं।" सज्जन सैंसर बोर्ड के बड़े बाबू थे।

मैंने कहा—"भाई ! खराब हो गई होगी बदलवा दो।"

कहने लगे—"सरकारी कैंची है, कोई मजाक नहीं है। सरकार में हर चीज़ को राइट आफ करने के नियम हैं, जिनके तहत अभी दो साल इसी कैंची से काम चलाना पड़ेगा। इसलिए हम बार-बार धार चढ़वाने आते हैं।"

धार चढ़ाने वाले ने पुष्टि करते हुए कहा—"इनकी कैंची की धार चढ़ाने के बाद मुझे बिल भी बनाना पड़ता है। पिछले तीन साल में पाँच हजार रुपए से ज़्यादा का बिल बन चुका है।"

मैंने कहा—"तब तो तुम्हें खुश होना चाहिए कि पचास रुपए की कैंची के धार चढ़वाने की कीमत तुम पाँच हजार रुपए वसूल कर चुके हो।"

धार वाले ने कहा—"अरे पाँच हजार रुपए मिले होते, तो बात ही क्या थी? साहब दस रुपए देते हैं और पचास रुपए का बिल बनवाते हैं।"

मैंने बड़े बाबू की ओर देखा। उनके चेहरे पर 'शासन कुल रीत सदा चली आई, प्राण जाय पर कमीशन न जाई' के भाव तैर रहे थे और होंठों पर हें-हें वाली हँसी थी।

मैंने कहा— "भाई, आपकी इस कैंची के काम न करने के कारण मेरा पाँच वर्षीय पुत्र पप्पू 'चोली के पीछे क्या है' प्रश्न अपनी माँ से पूछने लगा है और मुझसे पूछता है कि 'जाड़े में बलमा प्यारा' क्यों लगता है। यदि आपकी कैंची इसी तरह बुट्ठी बनी रही, तो यौन शिक्षा सिनेमा हाल में ही पूर्ण हो जाएगी।"

बड़े बाबू ने मुस्कराते हुए कहा—"अब आपसे क्या छुपाएँ। दरअसल बात यह है साहब जी कि सीन इतने गरमागरम होते हैं कि हमारे सदस्यगण देखते ही रह जाते हैं और भूल जाते हैं कि इस सीन पर कैंची चलाना हे। वैसे भी आप जानते हैं कि गरम चीज़ को कैंची लगाने से कैंची की धार उतर जाती है। इसमें कुछ और बातों पर भी विचार करना पड़ता है। जैसे कोई कबूतर अटरिया पर चढ़ रहा हा, तो उस कबूतर पर कैंची चलाकर हमें वन्य प्राणी संरक्षण अधिनियम के जाल में थोड़े फँसना है। आप तो जानते ही होंगे कि कबूतर चतुर्थ श्रेणी का संरक्षित वन्य जीव है। यही कारण है कि कबूतर अटरिया पर फुदकता रहता है और लोग खाँमखां सैंसर बोर्ड को कोसते रहते हैं।"

मैंने कहा—"भाई आजकल तो इतने अश्लील दृश्य आने लगे हैं कि माँ-बहनों के साथ ...।"

उसने मेरी बात काटते हुए कहा—"जितने ऐसे दृश्य आते हैं, करीब-करीब सभी में महिलाएँ रहती हैं, जो हमारी माँ-बहनें हैं। सैंसर बोर्ड भारत की सांस्कृतिक परम्पराओं की रक्षा करते हुए नारी जाति का पूर्ण आदर करता है, इसलिए नारी जाति पर कैंची चलाकर उसका अपमान नहीं करना चाहता। अब

सोचिए, यदि हमने चोली पर कैंची चलाई होती, तो चोली के पीछे क्या है, वह सबके सामने नहीं आ जाता।''

मैं उसके तर्कों से प्रभावित होता जा रहा था। उसी का फायदा उठाकर उसने कहा— ''आप दूरदर्शन और उपग्रह टी. वी. के कार्यक्रम देखिए। सिनेमा देखने के लिए तो आपको पैसा खर्च करना पड़ेगा, सिनेमा हाल तक जाना पड़ेगा। लेकिन दूरदर्शन और उपग्रह टी. वी. तो अश्लीलता सीधे आपके ड्राइंगरूम में ही परोस रहे हैं और ये दोनों माध्यम हमारी कैंची की रेंज से बाहर हैं।

उसकी बात सही थी, लेकिन मुझे ऐसा लगा जैसे कोई चोर डाकू के करनामे सुनाकर अपनी चोरी को हल्का-फुल्का काम सिद्ध कर रहा हो।

मैंने कहा—''लेकिन यह बताओ भाई, कभी-कभी आपकी कैंची बड़ी तेजी से काम करती है और जहाँ भाई-बहन गले मिल रहे हों, वह दृश्य भी मर्यादा का उल्लंघन की श्रेणी में आकर कट जाता है और कभी-कभी स्त्री-पुरुष की रात्रिकालीन क्रियाओं का सविस्तार चित्रण भी आप अनदेखा कर देते हैं। इसके पीछे क्या राज है?''

बड़ा बाबू हँसने लगा—''आप बड़े भोले हैं साहब जी! 'समरथ को नहीं दोष गुसाई' यह वचन आपने सुना होगा। कलयुग में यह सम्पूर्ण सत्य है। आपने देखा ही होगा कि मंत्री, अफसर, धनपति कुल का कोई भी प्राणी कितना भी बड़ा अपराध करे, वह छूट जाता है। वही कहानी हमारे यहाँ भी है। फिल्मी दुनिया के 'समरथ' हमारे सदस्यों को दिल्ली से या दुबई से फोन करवा देते हैं। इन दो स्थानों से फोन आते ही हमारी कैंची की धार ऐसे उतर जाती है, जैसे सत्ता-सुख से वंचित होने पर नेता के चेहरे की लाली।''

मैंने कहा—''उच्चस्तरीय सम्पर्कों के अभाव से ग्रस्त फिल्म निर्माताओं के लिए कैंची की धार उतारने का नुस्खा बताओ?''

बड़े बाबू ने निश्चिन्तता से कहा— "ऐसे सज्जन पुरुष जो फोन नहीं करवा सकते, कैंची की धार पर मुद्रा राक्षस का मंत्र फूँक दें। धार कभी चढ़ेगी ही नहीं।"

मैंने कहा— "आप जाकर माननीय सदस्यगणों से कह देना कि सैंसर की कैंची की धार स्थायी रूप से चढ़वा लें, नहीं तो लोग सैंसर बोर्ड को शेम-शेम बोर्ड नाम से जानने लगेंगे।"